Una iglesia
capaz de
HACER
POLÍTICA
PÚBLICA

C. René Padilla

EDICIONES
KAIROS

© 2019 Ediciones Kairós
Caseros 1275 - B1602ALW Florida
Buenos Aires, Argentina
ediciones.kairos.org.ar

Ediciones Kairós es un departamento de la Fundación Kairós, una organización no gubernamental sin fines de lucro dedicada a promover el discipulado y la misión integral desde una perspectiva evangélica y ecuménica con un enfoque contextual e interdisciplinario.

Diseño de portada: Pablo Alaguibe
Diagramación: JU1PH
Preguntas de reflexión: Elisa Padilla y Pablo Alaguibe

Ninguna parte de esta publicación puede ser reproducida, almacenada o transmitida de manera alguna ni por ningún medio, sea electrónico, químico, mecánico, óptico, de grabación o de fotografía, sin permiso de los editores.

Queda hecho el depósito de la ley 11.723

Todos los derechos reservados
All rights reserved

Impreso en Argentina
Printed in Argentina

Libro Físico ISBN 978-987-1355-88-4 | Ebook ISBN 978-987-1355-89-1

Padilla, C. René
 Una Iglesia capaz de hacer política pública / C. René Padilla. - 1a ed . - Florida : Kairós, 2019.
 140 p. ; 21 x 15 cm.

 ISBN 978-987-1355-88-4

 1. Iglesia y Estado. 2. Teología Social. 3. Teología Política. I. Título.
 CDD 260

Contenido

1. Llamados a «cristianizar» la política — 5
2. ¿Hay lugar para Dios en la política? — 15
3. La tarea política con sentido de misión — 25
4. ¿Hay guerras justas? — 35
5. Violencia y no-violencia — 51
6. Misión y no-violencia — 63
7. Misión y derechos humanos — 73
8. La lucha por la paz — 83

9. Misión en un contexto
   de corrupción   93

10. Globalización y misión   111

11. Hacer justicia: una tarea
    misional impostergable   121

12. Un modelo alternativo
    de sociedad   131

1

Llamados a «cristianizar» la política

Tradicionalmente, los evangélicos en América Latina (como en muchos otros lugares del mundo) nos hemos considerado «apolíticos». Hemos pensado que «la política es sucia» y, sin disimulo, nos hemos refugiado en un cristianismo individualista, ultramundano, y hemos reducido la misión de la Iglesia a "salvar almas". Después de todo, argumentamos, ¿no dijo Jesús que su Reino no es de este mundo?

Todavía hoy, para muchos evangélicos esa postura es totalmente coherente con la fe cristiana. Siguen creyendo que la única clave que la Biblia provee para definir la responsabilidad de la Iglesia frente al Estado es Romanos 13:1-7. Y sobre esa base adoptan una actitud acrítica respecto a las autoridades públicas que, según el texto paulino, han sido establecidas por Dios. Sin quererlo (y a veces también queriéndolo), se convierten en tácitos sustentadores del orden establecido.

Los últimos años, sin embargo, han visto una creciente «politización» del pueblo evangélico en varios países latinoamericanos. Por primera vez en la historia de este continente «católico, apostólico, romano», varios evangélicos han sido elegidos para ocupar altos cargos públicos que hasta hace poco no habrían podido ocupar debido a su posición religiosa. En uno que otro país de nuestro continente se ha dado el caso de que un evangélico ocupe la más alta magistratura del país. Además, en ciertos países existe ya un numeroso electorado evangélico muy importante a los ojos de los políticos. Sin lugar a dudas, estamos viviendo en una nueva situación.

El cambio señalado nos coloca frente a preguntas que atañen a la relación de la Iglesia con el Estado y que nunca antes nos habíamos planteado en términos concretos. Por ejemplo: ¿Es factible una «política evangélica»? ¿Hasta qué punto es posible legislar la ética cristiana? ¿Qué modelo de sociedad es deseable desde nuestra perspectiva? ¿Cuáles son los medios más eficientes, a la vez que más coherentes con la fe cristiana, para realizar ese modelo?

Lamentablemente, no estamos equipados para dar una respuesta adecuada a tales preguntas. Durante la guerra fría se impuso un análisis simplista de la realidad socioeconómica y política, análisis según el cual para nuestros países sólo había dos alternativas: o el capitalismo o el socialismo marxista. Y desde la perspectiva de esa disyuntiva que se articulaba dogmáticamente, había quienes defendían a capa y espada el sistema de su elección y atacaban sin contemplaciones a todos los que no concordaban con el mismo. No era necesario ser izquierdista para ser calificado de tal por la derecha, ni era necesario ser derechista para ser considerado como tal por la izquierda. Bastaba no definirse a favor de la una ideología y en contra de la otra para ser estigmatizado o por la derecha o por la izquierda, según el caso. Evidentemente, vivíamos en una situación en que ya no se permitía que Cristo, y sólo Cristo, dijera: «El que no es conmigo, contra mí es; y el que conmigo no recoge, desparrama» (Mt 12:30).

A esta polarización ideológica entre el fundamentalismo de derecha y el de izquierda contribuyeron, sin duda, la política externa de los Estados Unidos, por un lado, y el expansionismo soviético, por el otro. Lo más triste de todo esto es que los cristianos no ejercimos el discernimiento que nos da la fe para afirmar que Jesucristo es el único Señor a quien debemos lealtad absoluta y, basados en esa confesión, colocarnos por encima de esa polarización. Un ejemplo patético de la ideologización de la fe es el surgimiento de partidos políticos iniciados por los predicadores de la «iglesia electrónica» que durante el gobierno sandinista en Nicaragua (1979-1990), por ejemplo, se ocuparon de darle a la lucha ideológica el cariz de una batalla cósmica entre el Bien y el Mal y usaron su influencia para recaudar millones de dólares para los contras en Centroamérica. Lo eran también algunos teólogos de la liberación que concebían al marxismo como la historización del cristianismo y se dedicaron a fomentar la «violencia revolucionaria».

Desde la caída del sistema socialista en la zona de influencia soviética muchos cristianos dan por sentado que el «capitalismo democrático» no sólo es el único sistema posible sino también el único sistema deseable. Uno de los defensores más destacados de esta posición fue Michael Novak, quien defendió a pie juntillas esta posición y propuso una «teología de la liberación» que tomaba como punto de partida esta defensa del capitalismo. En la misma línea, actualmente en varios países de América Latina están surgiendo partidos políticos supuestamente «evangélicos» que dan por sentado que, en contraste con partidos que apoyan, entre otras cosas, la ideología del «matrimonio igualitario», adoptan posturas derechistas que dejan mucho que desear desde la perspectiva de la ética cristiana. A esto hace referencia el artículo del New York Times, *Un matrimonio perfecto: evangélicos y conservadores en América Latina,* por Javier Corrales, 19 de enero 2018.

El apoyo religioso a sistemas o ideologías políticas no es nada nuevo. Para las antiguas religiones paganas los dioses estaban íntimamente vinculados al Estado. Y a partir de Constantino, el Reino de paz del Mesías fue identificado con la Pax Romana. Esa fue la primera «teología política» del cristianismo: un Dios, un Salvador, un emperador, un reino, una fe. Así nació la cristiandad, es decir, el «mundo occidental y cristiano». Todo esfuerzo actual por vincular el Evangelio de Jesucristo con una ideología política o un sistema socioeconómico específico es una nueva versión de la herejía constantiniana.

Toda ideologización de la fe está bajo el juicio de la Palabra de Dios. Cuando ésta actúa, la gloria de Dios resplandece en el rostro del Cristo crucificado y el poder del amor desplaza al amor al poder. La cruz de Cristo establece la diferencia básica entre la fe cristiana y todas las religiones e ideologías. Cuando Cristo fue crucificado, la pena capital estaba reservada para los sediciosos, los subversivos, los perturbadores de la Pax Romana. A partir de la crucifixión de Jesús, el Mesías crucificado, ha quedado eliminada totalmente la posibilidad de una alianza incondicional entre la Iglesia y el Estado, sea cual sea su signo. Los seguidores de Cristo estamos llamados a «cristianizar» la política, pero jamás a politizar la fe; a morir por lo que amamos pero jamás a matar por lo que creemos. Cuando la fe cristiana se separa de la política, la Iglesia se convierte en un gueto y pierde su relevancia histórica; cuando la fe se politiza, la Iglesia se convierte en una mera institución secular y pierde su fidelidad al Evangelio. La voluntad de Dios es que estemos en el mundo sin ser del mundo.

Preguntas para debatir en grupo

1. ¿Los cristianos que conocemos se consideran apolíticos? ¿Qué visión tienen de la política? En Romanos 13:1 el apóstol Pablo afirma: "Todos deben someterse a las autoridades políticas, pues no hay autoridad que Dios no haya establecido". ¿Esta afirmación nos da base para brindar apoyo incondicional a las autoridades? ¿Es cierto que si uno es apolítico se convierte en sustentador del orden establecido?

2. ¿Conocen evangélicos que se han involucrado directamente en la lucha política? ¿Tienen

peso numérico los evangélicos en nuestro país? ¿Es factible una "política evangélica"? ¿Hasta qué punto es posible legislar la ética cristiana? ¿Qué modelo de sociedad es deseable desde nuestra perspectiva? ¿Cuáles son los medios más eficientes y a la vez más coherentes con la fe cristiana para realizar ese modelo? ¿Vivimos en nuestro país la estigmatización de la derecha o de la izquierda por no definirnos a favor de una ideología y en contra de la otra? ¿Tenemos discernimiento suficiente para poner nuestra lealtad a Jesucristo como único Señor por encima de las polarizaciones ideológicas?

3. ¿Damos por sentado que el "capitalismo democrático" es el único sistema posible y deseable? ¿Qué impacto tuvo el constantinismo históricamente al identificar el Reino de paz del Mesías con la Pax Romana? ¿Con qué ideología

política o sistema socioeconómico vinculan los miembros de nuestra iglesia al Evangelio de Jesucristo, y qué efectos causa esta vinculación?

4. ¿Por qué la crucifixión de Jesucristo elimina la posibilidad de una alianza incondicional entre la Iglesia y el Estado? ¿De qué maneras podemos "cristianizar" la política? ¿Vemos en líderes cristianos una tendencia a politizar la fe? ¿Nuestra iglesia tiene la tendencia a separarse de la política y convertirse en un gueto, o a politizarse y convertirse en una institución secular? ¿De qué maneras concretas podemos hacer política sin dejarnos manejar por ella?

2

¿Hay lugar para Dios en la política?

«La política es la imagen contemporánea del mal absoluto. Es satánica, diabólica, el hogar mismo de lo demoníaco». Esta afirmación no es de un evangélico «fundamentalista» que se ha aislado del mundo, ni de un «espiritualista» que niega la necesidad de relacionar la fe con la vida pública, ni de un cristiano de pocas luces que ve en todo la obra de Satanás. No. Es de uno de los intelectuales protestantes más destacados de nuestro tiempo, sociólogo y politólogo, ex profesor de la Universidad de Burdeos, escritor prolífico y hombre activo en la política francesa y especialmente en la resistencia al régimen nazi: Jacques Ellul.

Esta afirmación aparece en un capítulo dedicado al análisis de la política como «la esfera de lo demoníaco», un libro de Ellul sobre la fe cristiana (*Living Faith,* Harper & Row, Nueva York, 1983). En el desarrollo del tema el autor aclara que su acusación no es contra un tipo particular de política, de derecha o de izquierda, sino contra la política en sí, contra la política concreta; no la de las definiciones que enfatizan «el bien común» y «el interés público», sino la que se practica de hecho, la que tiene que ver con los medios para adquirir poder y mantenerlo frente a los enemigos.

> Toda la retórica sobre la política como un medio para establecer la justicia, etc., -dice Ellul- no es más que una cortina de humo que por un lado esconde la dura y vulgar realidad y que, por otro lado, justifica la pasión universal por la política, la convicción universal de que todo es político y que la política es la actividad humana más noble, cuando en realidad es la más innoble. En un sentido estricto, es la fuente de todos los males de nuestro tiempo.

En las páginas que siguen el distinguido escritor describe elocuentemente los peores males que afectan al mundo moderno por causa del concubinato de la política con la (in)justicia. Según Ellul, la política es diabólica porque el diablo es «el padre de mentiras» y la política transforma el poder que Dios dio al hombre para gobernar el mundo en una mera voluntad de dominio. Además, invoca el bienestar general, pero se pone al servicio de intereses particulares: es partidista, incita a la división, el conflicto y la disensión, todo ello sobre la base de seducción, promesas falsas e ilusiones. La política también es satánica porque Satanás es «el acusador» y la política es la manera de reducir al opositor o enemigo (comunista o capitalista, negro o blanco, nazi o judío) a la encarnación misma del mal. «El enemigo, por definición, no tiene nada de bueno o admirable: el único remedio es eliminarlo completamente. Esta es la única solución y fue inventada por la política.» Lo trágico es que la política no sólo vive de la ilusión, sino que «envuelve a toda la sociedad en la diseminación de la falsedad»; se convierte en «el necesario mediador universal entre el individuo y la sociedad», para lo cual se ofrece como la única vía para actuar en la sociedad como un todo, y se arroga el derecho de salvar, aunque luego termina por tomar el lugar de Dios.

¿Qué esperanza hay de un testimonio cristiano en el campo político? La respuesta de Ellul es tajante: «Los líderes cristianos se encuentran frente a un trágico dilema: o tratan de seguir siendo cristianos y su política es estúpida (Jim Carter), o son políticos eficaces pero dejan de ser cristianos». Buena parte del problema está en que el político cristiano no tiene en sus manos el control de los juegos del poder por el solo hecho de ser cristiano. Como cualquier otro político, cristiano o no, a menudo se ve obligado a adoptar posturas y tomar decisiones que distan mucho de lo deseable a la luz de sus propios principios. La conclusión parecería ineludible: para quien coloque la fidelidad al Evangelio por encima de la eficacia política, lo mejor es abstenerse de ésta. ¿Se sigue, entonces, que no hay lugar para Dios en la política?

Definitivamente, no hay base para una política en la cual se pretende ejercer el poder en el nombre de Dios. La historia abunda en ilustraciones de la insensatez de atar a Dios a un partido o un programa político. Cuando «Dios» forma un binomio con la «Patria» o con un partido político, los que detentan el poder para hacer Patria pierden la capacidad de distinguir entre la realidad de Dios y sus propios sistemas, y terminan por reclamar para éstos la perfección que le pertenece sólo a él. Parafraseando las palabras de Cristo, diríamos que «no se puede servir a Dios y al poder». La opción que tenemos como cristianos hoy es en esencia la misma que los cristianos en tiempos de Jesús y a lo largo de la historia humana.

Lo que sí se puede hacer es servir a Dios en el campo político. Ser personas que viven el discipulado cristiano en medio de las ambigüedades del ejercicio del poder. Ser comunidad que encarna la fe, la esperanza y el amor de Dios en medio de una sociedad que propugna la fe en la ciencia y la técnica, la esperanza del éxito individual y el amor al dinero. Por cierto, para ello no hay fórmulas fáciles. Lo que hay es el llamado de Dios a vivir en el mundo sin ser del mundo, el camino que Jesucristo -el Rey Siervo- trazó con su constante entrega de sí mismo por los demás y su identificación con los pobres, y la presencia del Espíritu Santo que anticipa y garantiza cielos nuevos y tierra nueva en los cuales mora la justicia. En otras palabras, estamos llamados a vivir como personas que han sido llamadas a vivir en el mundo como «ciudadanos del cielo» (Fil 3:20), en concordancia con la descripción que el apóstol Pablo usa para referirse a los creyentes filipenses que eran reconocidos como ciudadanos romanos por haber nacido en esa ciudad que era colonia de Roma. A eso apunta nuestra oración cuando pedimos a Dios «hágase tu voluntad en la tierra como en el cielo", un ruego que forma parte del Padrenuestro. Para vivir en conformidad con esto contamos con los recursos que provienen del Espíritu Santo.

Nos guste o no nos guste, mientras estemos en el

mundo estamos obligados a responder a los desafíos que nos plantea esa política «satánica, diabólica» de la que Ellul escribe. Tal vez nunca nos veamos forzados a escoger entre seguir siendo cristianos pero tener una política estúpida, o ser políticos eficaces pero dejar de ser cristianos. En otras palabras, es posible que hallemos modos de evadir la lucha política partidista, el esfuerzo por adquirir poder y mantenerlo frente a otros. Lo que no podemos hacer es evitar toda definición política o abstenernos de actuar políticamente en una sociedad en que la vida está tan condicionada por estructuras y relaciones institucionales que nos obligan a optar por alguna posición política. Y aquí sí el dilema es el mismo para todos: o vivimos para Dios y hacemos política promoviendo su Reino de amor y justicia con miras al bien común, o vivimos intencional o inintencionalmente para el dios de este siglo y promovemos su política.

Preguntas para debatir en grupo

1. Según Ellul, la política es "satánica, diabólica, el hogar mismo de lo demoníaco", la fuente de todos los males de nuestro tiempo. Siguiendo esta descripción de Ellul, ¿conocemos líderes cristianos que usan la retórica sobre la justicia para esconder su ambición de poder y así transforman el poder de Dios en una mera voluntad de dominio; invocan el bien común, pero están al servicio de intereses particulares; incitan a la división y el conflicto presentando al enemigo como la encarnación del mal, y hacen todo esto sobre la

base de seducción, promesas falsas e ilusiones? ¿Usarían esos líderes la política para el bien común y la justicia? ¿O sería solo un medio para adquirir poder y mantenerlo frente a los enemigos?

2. ¿Estamos de acuerdo con que las únicas dos opciones son la de ser cristianos con una política estúpida, o ser políticos eficaces pero ya no cristianos? ¿Estas son realmente las únicas dos opciones, o existen otras? Si los juegos del poder nos obligan a contradecir nuestros principios, y si la fidelidad al Evangelio perjudica la eficacia, ¿será mejor abstenerse de hacer política?

3. ¿Se nos ocurren ejemplos de personas o grupos que pretenden ejercer el poder en nombre de Dios y tratan de atar a Dios a un partido o programa político? ¿Vemos indicios de que pierden su capacidad

de distinguir entre la realidad de Dios y sus propios sistemas? ¿Reclaman una perfección que le pertenece solo a él? Compartan citas concretas.

4. ¿Cómo podemos servir a Dios en el campo político? ¿Cómo podemos ser personas que viven el discipulado cristiano en medio de las ambigüedades del ejercicio del poder político? ¿Corren nuestras iglesias el riesgo de poner la fe en la ciencia y la técnica, la esperanza del éxito individual y el amor al dinero? ¿Qué muestras hay de que son comunidades que encarnan la fe, la esperanza y el amor de Dios?

5. Podemos evitar la lucha política partidista, el esfuerzo por adquirir poder y por mantenerlo frente a otros. Sin embargo, si es verdad que no podemos evitar toda definición política ni abstenernos

de actuar políticamente, ¿qué lugar le damos en nuestras reuniones eclesiásticas a la reflexión comunitaria sobre cuestiones políticas? ¿Podemos debatir sin prejuicios ni partidismos y discernir juntos las políticas más acordes a los valores del Reino de Dios, para apoyarlas, y las políticas que hacen caso omiso a esos valores, para desecharlas? ¿Qué significa para nosotros hoy vivir para el dios de este siglo y promover su política? ¿Qué significa en políticas concretas vivir para Dios y promover su Reino de amor y justicia?

3

La tarea política con sentido de misión

Desde hace ya varias décadas en todo el continente latinoamericano ha habido un genuino despertar de los evangélicos a su responsabilidad política. Se trata de un fenómeno inusitado: gente que hasta hace poco era considerada una minoría religiosa sin ninguna incidencia en la vida pública, ahora se organiza para lanzar y elegir a sus propios candidatos a elevados cargos de gobierno.

Parece ser el comienzo de una participación política que marca un nuevo rumbo para la política en nuestro continente (ver Hilario Wynarczyk, *Navegar ¿hacia dónde? Las iglesias evangélicas en el espacio público*, ALC noticias, 5 de abril de 2019).

Por supuesto, no hay ninguna garantía de que los evangélicos que han ingresado en la política o se proponen hacer política lograrán afectar las estructuras de injusticia y corrupción de manera decisiva. En cuestiones de política, como en muchas otras, no bastan las buenas intenciones, menos aún en un mundo dominado por grandes intereses organizados a nivel global.

Sin embargo, ya no es posible que los evangélicos se mantengan al margen de la política. Si en el pasado, como una insignificante minoría religiosa, no podían evitar toda definición política, hoy, como un movimiento en pleno crecimiento, lo pueden aún menos. En estas circunstancias, se hace absolutamente urgente que encaren la tarea política con un verdadero sentido de misión, es decir, con la conciencia de haber sido enviados por el Señor de la historia como testigos de su soberanía sobre cada aspecto de la existencia humana.

Encarada con sentido de misión, la tarea política requiere, en primer término, el reconocimiento de las tentaciones del poder. Como ha señalado Jacques Ellul insistentemente, el deseo del poder es universal y está en la raíz misma de los males de nuestro tiempo. Si los evangélicos van a cumplir su papel de luz y sal de Cristo en el campo político, tienen que estar en guardia contra el peligro de reproducir los mismos males que han causado tanto daño a la política concreta en nuestros países, tales como el autoritarismo, el oportunismo, el «clientelismo» o el nepotismo y el «revanchismo». Después de todo, los cristianos no están exentos de la posibilidad de ilustrar con su propia experiencia, muy a su pesar, la verdad del famoso aforismo de Talleyrand: «El poder corrompe, y el poder absoluto corrompe absolutamente.»

Por otro lado, quien hace política con sentido de misión tiene conciencia de los límites del poder que le confiere su posición. Sabe bien que hay una gran distancia entre su propia política y la Política del Reino de Dios; consecuentemente, no absolutiza ningún partido, ni ideología, ni programa político definido. En efecto, mantiene siempre una actitud crítica frente a todo poder y lo juzga a la luz de valores bíblicos tales como el bien común, la verdad, el amor, la libertad, la justicia y la paz. Puede suceder que la afirmación de estos valores en el campo político nos cause choques y conflictos en la sociedad, incluso con autoridades gubernamentales. Sin embargo, tenemos que permanecer firmes en la convicción de que si tales valores son válidos, entonces hay criterios para juzgar el uso del poder. Y esto significa que el poder no tiene la última palabra, que nadie puede invocarlo para colocarse por encima de las demandas de la ética. La tarea de los evangélicos en la política latinoamericana y en cualquier política nacional o regional es vivir los valores del Reino de Dios y traducirlos al lenguaje de los reinos de este mundo, en oposición a toda forma de absolutización del poder. Es, por lo tanto, una tarea con una dimensión profética, y para esta difícil tarea los evangélicos precisan capacitarse. Una característica común de la política en América Latina ha sido la improvisación. Lo deseable, sin embargo, es que también en esto los evangélicos sean diferentes: en que hacen política con la debida preparación. Desde esta perspectiva, es mucho lo que las iglesias pueden hacer como parte de su ministerio educativo en lo que atañe a la formación de ciudadanos del Reino de Dios y su justicia.

La mejor capacitación que las iglesias evangélicas pueden ofrecer a sus futuros políticos es la que comienza con una toma de conciencia de las apremiantes necesidades que afectan a las grandes mayorías, y de los recursos humanos y divinos con que cuentan las congregaciones para lograr cambios concretos, al menos en pequeña escala, en la sociedad. No tiene ningún sentido luchar por la inserción de evangélicos en la política nacional si no se está logrando su inserción en los niveles inferiores y medios de la sociedad civil para cumplir allí su vocación de sal, luz y fermento. Esto presupone una eclesiología que mira a la Iglesia, no en términos exclusivamente espirituales, como la portadora del mensaje de reconciliación con Dios, sino también en términos de una comunidad de misión integral por medio de la cual Dios quiere ejercer su reinado en la vida humana. Así concebida, la iglesia local toma en serio su misión de predicar el Evangelio y también de educar y formar, concientizar y denunciar, informar y comunicar, animar y organizar; para empezar en su propio vecindario. La labor comunitaria a partir de la iglesia local, además de ser más manejable, ofrece la oportunidad de una participación amplia del pueblo en la gestión política y nutre la esperanza de un futuro mejor mediante el logro de cambios pequeños pero concretos donde éstos son más factibles.

Por otra parte, la tarea política con sentido de misión también plantea un serio desafío en el campo de la reflexión, con miras al desarrollo de una teología política que acompañe a la tarea de hacer política. En América Latina no podemos darnos el lujo de una teología académica desvinculada de la realidad socioeconómica y política. Pero tampoco podemos darnos el lujo de una acción sin una teoría que la critique y la oriente con el propósito de plasmar los valores del Reino de Dios en esa realidad.

Preguntas para debatir en grupo

1. ¿Conocemos casos en que evangélicos hayan lanzado y elegido candidatos a puestos públicos? ¿Qué señales hay de que los candidatos evangélicos que han ingresado a la política han logrado afectar las estructuras de injusticia de manera decisiva? ¿Qué evidencias hay de que han entrado "con la conciencia de haber sido enviados por el Señor de la historia como testigos de su soberanía sobre cada aspecto de la existencia humana"?

2. ¿Vemos de parte de cristianos en la política señales de autoritarismo, oportunismo, clientelismo, nepotismo o revanchismo? ¿Se cumple en ellos que "el poder corrompe, y el poder absoluto corrompe absolutamente"? ¿Tienen conciencia de los límites del poder que le confiere su posición? ¿Vemos en ellos la tendencia a identificar su política con la política del Reino de Dios, y a absolutizar su partido, ideología o programa? ¿Cuáles son los valores y criterios a la luz de los cuales debemos criticar y juzgar todo ejercicio del poder? ¿Pensamos en ejemplos de personas que ocupan posiciones de poder pero no se ponen por encima de las demandas de la ética?

3. ¿Cómo podemos encarar esta tarea que plantea el autor de "vivir los valores del Reino de Dios y traducirlos al lenguaje de los reinos de

este mundo"? ¿Puede la iglesia proveer el contexto para llevar a cabo esta tarea de "traducción"? ¿De qué maneras?

4. ¿Estamos de acuerdo con el autor en que "una característica común de la política en América Latina ha sido la improvisación"? ¿Cómo pueden los evangélicos capacitarse para la tarea política y abordarla con la debida preparación? ¿Cómo puede la iglesia ayudar a sus futuros políticos a tomar conciencia de las necesidades que afectan a las grandes mayorías? ¿Con qué recursos humanos y divinos cuentan las congregaciones para lograr cambios concretos en la sociedad? ¿Conocemos evangélicos que están haciendo política en los niveles inferiores y medios de la sociedad para cumplir su vocación de sal y luz? ¿Está nuestra iglesia tomando en serio su misión

"de predicar el Evangelio y también de educar y formar, concienciar y denunciar, informar y comunicar, animar y organizar, en su propio barrio"? Si nuestra iglesia cumple esta labor comunitaria, ¿qué cambios debería hacer para servir de espacio formativo para miembros que deseen servir en el campo político?

5. Ni una teología académica desvinculada de la realidad, ni la acción sin una teoría que la critique y oriente. ¿De qué manera podemos desarrollar una teología política que ayude a plasmar los valores del Reino de Dios en nuestra realidad? ¿De qué manera puede la iglesia, o un grupo de discípulos de Cristo que forma parte de ella, proveer un contexto adecuado para ayudarnos a desarrollar esta teología política?

4

¿Hay guerras justas?

Esta es una pregunta que tiene una larguísima historia. A ella se refiere con alguna frecuencia tanto la literatura producida por autores cristianos como la literatura de autores no cristianos. Innegablemente los enfrentamientos violentos diseñados para someter o incluso eliminar al prójimo que culminan con las terribles confrontaciones bélicas de la era moderna forman parte de uno de los aspectos más trágicos de la historia humana a lo largo de los siglos.

Múltiples veces la Biblia da cuenta de la violencia contra el prójimo a nivel individual desde tiempos prehistóricos. Ya en el primero de sus libros relata que Caín, movido por la envidia y la ira, asesinó a su hermano Abel (Gn 4:1-9). A la misma época de ese primer asesinato pertenece la tendencia humana a culpar al prójimo por acciones que uno comete y que son claramente contrarias a la voluntad de Dios. Es el caso de la desobediencia de Adán al claro mandato divino de no comer el fruto que estaba en el centro del jardín de Edén. Su respuesta a la pregunta de Dios "¿Acaso has comido del fruto del árbol que yo te prohibí comer?" fue "La mujer que me diste por compañera me dio de ese fruto, y yo lo comí" (Gn 3:11-12). Por lo visto, tanto la violencia humana contra el prójimo como la disposición humana a culpabilizar a otros por la violación intencional de la voluntad de Dios se remonta a los orígenes de la raza humana.

Las dos maneras mencionadas de apartarse de lo que Dios ha dispuesto para la vida de seres creados por él a su imagen y semejanza en el planeta Tierra se combinan en el Decálogo que forma parte de la ley de Dios: "No mates" y "No des falso testimonio en contra de tu prójimo" (Dt 5:17 y 20 respectivamente). Tristemente, sin embargo, la violación combinada de estos dos mandamientos tiene una larguísima historia. Aunque las maneras de combinar estas dos maneras de violar la voluntad de Dios varían según los tiempos y las culturas, podemos afirmar sin temor a equivocarnos que las dos forman parte de la historia a lo largo de los siglos y se expresan en lo que en el "mundo occidental y cristiano" se denomina "la guerra justa". En efecto, esta historia cuenta con defensores distinguidos, entre quienes se destaca el filósofo griego Aristóteles, quien argumentó que la guerra es justa cuando tiene el propósito de someter a los "esclavos naturales" y que su eliminación sería adversa a la libertad cívica. Por lo tanto, la guerra justa abre la oportunidad para la virtud; es moral y debe ser elegida "por el bien de la paz". Otro distinguido filósofo, Cicerón, apoyó la misma posición.

Posteriormente, San Agustín, el renombrado autor de *Las Confesiones*, "cristianizó" la tesis de la guerra justa alegando que desde la perspectiva política es justa cuando está al servicio de la paz, que es "la disposición de los seres iguales y desiguales, ocupando cada uno el lugar que le corresponde". Si bien reconoció que "toda guerra es malvada", también afirmó que "hay una guerra justa cuando su propósito es defender al Estado de una agresión o restaurar la paz". Más adelante, Tomás de Aquino, uno de los teólogos católicos-romanos más influyentes, siguió la misma línea. Sin duda, su destacada influencia en la Iglesia Católica Romana marcó la política exterior que hizo posible la tragedia de las Cruzadas encabezadas por la católica España contra los musulmanes.

Con el transcurso del tiempo la "guerra justa" propiciada por España se extendió al continente americano en términos de lo que Juan A. Mackay denominó "la última de las Cruzadas... acaso la mayor y más importante de todas por sus extensas consecuencias". Se trataba precisamente de la conquista de grandes extensiones de tierra, el sometimiento de miles y millones de pobladores nativos y la toma de posesión de un riquísimo botín. Para esta conquista se juntaron la espada y la cruz, porque no se trataba únicamente de una conquista militar sino también de una conquista religiosa "cristiana" avalada ni más ni menos que por la bula papal *Romanus Pontifex,* emitida por el Papa Nicolás V en los años 1450. Este documento oficial autorizaba a los reyes cristianos de Europa, en el nombre de Dios, Jesús y la iglesia, a invadir, conquistar, combatir, vencer y someter a los no cristianos en todo el mundo, y a esclavizarlos y robarles "posesiones y bienes muebles e inmuebles" y a "reducir a servidumbre perpetua a las personas" y no solo a ellas sino también a sus descendientes, aplicando "para uso y utilidad suya y de sus sucesores, sus... posesiones y bienes de ellos". En resumen, la *Romanus Pontifex* se constituyó en la autorización papal para que toda nación blanca y "cristiana" cometiera un verdadero genocidio. Este crimen de *lesa humanidad* fue denunciado valientemente por cristianos compasivos, entre los cuales se destaca a Bartolomé de las Casas, el fraile dominico español de quien Gustavo Gutiérrez, con buena base, afirma: "Tenía perspectiva histórica y visión política, pero la fuerza motora de su vida era su fe en Cristo, a quien él encontró en los indígenas afligidos y crucificados". Por otro lado, en ninguno de los documentos del Vaticano se registra un rechazo explícito del tenor de la bula que respaldó oficialmente el terrible genocidio.

A la luz de lo expuesto hasta aquí, proponemos que solo hay dos respuestas posibles a la pregunta que plantea el título de este capítulo: ¿Hay guerras justas?

1. La primera respuesta posible es que todas las guerras son justas desde la perspectiva de quienes las sustentan y/o las defienden como tales.

Lo que a mí me forzó a pensar en profundidad sobre este complejo problema fue la toma de las islas Malvinas por parte de Gran Bretaña el 2 de abril de 1982, un evento de trascendencia insospechada para la política mundial en la penúltima década del siglo 20. Fue también un acontecimiento que me forzó a reflexionar seriamente sobre un tema presente a lo largo de la historia y en el momento actual. ¿Quién habría pensado que el Tratado Interamericano de Ayuda Recíproca, un instrumento creado por Estados Unidos para repeler cualquier intervención soviética en América Latina, sería invocado por la mayoría de los países latinoamericanos en contra del alineamiento de Washington con los británicos? ¿Quién habría creído que el Exocet, un arma ultramoderna de fabricación europea, sería puesto a prueba en una guerra entre dos países del «mundo libre», y que la Comunidad Económica Europea sancionaría a la Argentina, uno de sus más fieles aliados ideológicos, forzándola así a estrechar sus vínculos con la Unión Soviética?

Con el conflicto de las Malvinas el espectro de la Guerra (así, con mayúscula) desembarcó en nuestras costas y echó por tierra la idea de una América Latina como «territorio desnuclearizado». Cuando se firmó el Tratado de Tlatelolco (que prohíbe el ensayo, uso, fabricación, producción y adquisición de armas nucleares, a toda costa), jamás se pensó que una potencia extracontinental firmante (en este caso Gran Bretaña) podría transportar armas nucleares con intenciones agresivas contra otra de las naciones firmantes (en este caso la Argentina). El Tratado de Tlatelolco fue violado nada menos que con el respaldo de la superpotencia que lo había diseñado y promovido: los Estados Unidos.

La escalada armamentista de los países latinoamericanos no podía menos que producir una profunda preocupación en quienes confesamos a Jesucristo como Señor. Históricamente, los gastos militares de las fuerzas armadas han sido indudablemente uno de los factores que más han afectado la situación económica de nuestros pueblos. Es difícil concebir el costo social que estos países hubieran tenido que abonar como cuota de ingreso al «club atómico». ¿Y quién puede prever las consecuencias que el pertenecer a ese fatídico club hubieran acarreado en lo que atañe a los conflictos dentro y fuera de América Latina?

Si algo nos mostró el conflicto de las Malvinas es cuán poco preparados estábamos los cristianos latinoamericanos para juzgar el problema de la guerra desde la perspectiva de la fe. Lo más probable es que la mayoría de cristianos que en su momento dieron y hoy dan su apoyo a las guerras lo haga sobre la base de la teoría de la guerra justa. Según ésta, en vista de que hay ciertas situaciones en que la guerra es un mal inevitable, es necesario tomar medidas para evitar lo peor. Se sugieren, por lo tanto, normas o criterios que ayuden a juzgar si una guerra está o no al servicio de la justicia. Se considera justa la guerra que reúne las siguientes condiciones:

(1) Es de carácter defensivo: su objetivo es repeler la agresión iniciada por otro país.

(2) Tiene una intención justa: asegurar la paz para todos, no la ganancia económica, ni la conquista territorial, ni la supremacía ideológica.

(3) Es el último recurso: se hace cuando ya todos los demás recursos han sido agotados y han fallado.

(4) Requiere una declaración formal.

(5) Es declarada por un gobierno legítimamente constituido.

(6) Tiene objetivos limitados: no persigue la rendición incondicional ni la destrucción de las instituciones económicas o políticas de la nación vencida.

(7) Usa medios proporcionales: no es una guerra total, ilimitada.

(8) Garantiza la inmunidad de los no-combatientes.

No es éste el lugar para analizar hasta dónde estos criterios eran favorables a Gran Bretaña o a la Argentina en su respectiva pretensión de que su causa en la Guerra de las Malvinas era la justa. Lo que aquí queremos señalar es que en cada uno de los dos países hubo cristianos que en nombre de la guerra justa apoyaron a su propio gobierno en el lamentable conflicto bélico. Esa fue la impresión que me dejó la conversación tanto con cristianos en Argentina, donde vivía en ese entonces, como con cristianos en Inglaterra, país que visité justamente en momentos en que la guerra estaba en pleno desarrollo. Otra vez para mi quedó comprobado que si para algo sirve la teoría de la guerra justa es para justificar la guerra y hacerla moralmente aceptable. Es dudoso que jamás una nación haya desistido de participar en una guerra porque sus gobernantes consideraban que, a la luz de las normas señaladas anteriormente, esa guerra no sería justa. El problema no radica en las normas en sí, sino en la naturaleza humana pecaminosa. Este es el error fundamental de la teoría de la guerra justa: presupone que el ser humano, puesto que es racional, sabe lo que es justo y, puesto que quiere el bien, actúa conforme a los dictados de la justicia. Se trata de un optimismo racionalista que ignora el dominio de la pasión sobre la razón y la voluntad.

2. La segunda respuesta posible es que ninguna guerra es justa desde la perspectiva del Evangelio.

Frente al problema de la guerra cobran vigencia el ejemplo y la enseñanza de Jesucristo respecto al amor al prójimo, que incluye al enemigo. Es cierto que el amor al prójimo no puede institucionalizarse, en tanto que la guerra justa ha provisto la base para las leyes relativas a la guerra que hoy forman parte del Convenio de Ginebra y otros tratados internacionales. También es cierto que no se puede esperar que quienes no creen en Jesucristo como Señor acaten una ética arraigada en su persona y obra, su pasión y enseñanza; en tanto que las normas de la guerra justa son exigencias éticas mínimas de valor universal. Sin embargo, sigue en pie el hecho de que no hay guerras justas. El diagnóstico profético del pecado de la nación de Israel es aplicable a todas las naciones por igual:

> Ustedes tienen las manos manchadas de sangre y los dedos manchados de crímenes ... Nadie hace demandas justas, ni va a juicio con honradez. Confían más bien en la mentira y en palabras falsas; están preñados de maldad y dan a luz el crimen ... Sus acciones son todas criminales; sus manos trabajan para hacer violencia, sus pies les sirven para correr al mal, para darse prisa a derramar sangre inocente. Sus pensamientos se dirigen al crimen, y a su paso sólo dejan destrucción y ruina. No conocen el camino de paz, no hay rectitud en sus acciones. Los caminos que siguen son torcidos; los que andan por ellos no encuentran paz (Is 59.3-8).

Frente a este hecho, la tarea que nos atañe a quienes confesamos a Jesucristo como Señor y Rey es denunciar el crimen de la guerra y anunciar el Evangelio de la paz. Como seguidores del Siervo sufriente, estamos llamados a proclamar y vivir, a nivel personal y comunitario, el amor-ágape cuya manifestación suprema se dio en la cruz. ¿Qué significado histórico tiene nuestra fe si en medio de un mundo afectado profundamente por la violencia no estamos dispuestos a servir a Dios trabajando por la paz, en fidelidad a Jesucristo?

Preguntas para debatir en grupo

1. ¿Ha estado nuestro país involucrado en alguna guerra en los últimos años? ¿Cuál? ¿Qué postura tomó la iglesia evangélica ante esa guerra?

2. ¿Conocen personas o situaciones en las que persiste la idea de la guerra justa? ¿Conocen personas que dan su apoyo a las guerras sobre la base de la teoría en que se apoya la guerra justa? Evalúen una guerra reciente según los criterios propuestos por sus defensores (ver criterios mencionados). ¿Conoce-

mos casos en los que de ambos lados los cristianos apoyaron la guerra afirmando que era justa? ¿Nos parece que el ser humano es racional, sabe lo que es justo y actúa según los dictados de la justicia, o vemos en nuestros contextos el dominio de la pasión sobre la razón y la voluntad? ¿Estamos de acuerdo con que la teoría de la guerra justa sirve solo para justificar la guerra y hacerla moralmente aceptable? ¿En qué estamos de acuerdo y en qué no estamos de acuerdo?

3. ¿Qué lugar tiene en estos conflictos el ejemplo y la enseñanza de Jesucristo sobre el amor al prójimo, incluyendo al enemigo? Si es cierto que el amor al prójimo no puede institucionalizarse y que no puede esperarse que quienes no creen en Jesucristo como Señor acaten la ética cristiana, ¿cuál debe ser el rol de los cristianos en

tiempos de guerra? ¿Conocen casos de personas que sufrieron por resistirse a ir a la guerra en base a sus convicciones cristianas? Hagamos un breve repaso de nuestra historia moderna: ¿qué rol tomó la iglesia ante las guerras, hayan sido entre clases, tribus, facciones políticas o naciones?

4. ¿De qué maneras puede la iglesia denunciar el crimen de la guerra y anunciar el Evangelio de la paz? ¿Cómo podemos llevar a la práctica el amor-ágape entre personas, comunidades y naciones? ¿Cómo respondemos al planteo de Karl Barth en la época del dominio de Hitler de que "la fe ordena que se deje resueltamente en segundo plano el miedo a la violencia o el amor a la paz, colocando en primer lugar el miedo a la injusticia y el amor a la libertad"[1]?

---

1 Karl Barth, *Theologische Existenz heute!*, cit. por Alberto F. Roldán, *Karl Barth en América Latina*, Ediciones Kairós, Buenos Aires, 2019, p. 116.

5. Analicen otras formas de "guerra" que se libran hoy día, como las judiciales (armado de causas y prisiones preventivas), económicas (embargos, endeudamientos internacionales), cibernéticas (trolls y fake-news), manipulación de votos electrónicos, campañas por Whatsapp, etc. ¿Qué postura debemos tomar como cristianos ante estas formas de guerras nacionales e internacionales? ¿Pueden considerarse "justas" estas guerras?

5

Violencia y no-violencia

Toda la historia humana lleva la marca de la violencia. La lleva grabada tan profundamente que no es posible hablar de la historia sin hacer referencia a la violencia en la historia. Es bueno que en este momento en que al parecer todo el mundo está hundiéndose irremisiblemente en el cieno de la violencia entendamos que el nuestro no es un momento único ni nuestra generación es la primera que tiene que enfrentar las fuerzas de destrucción que operan en su medio. La violencia es tan antigua como el ser humano.

Una actitud realista frente a la violencia demanda el reconocimiento de la multiplicidad de formas que ésta toma. Sin ese reconocimiento se cae fácilmente en inconsecuencias. Así sucede, por ejemplo, cuando se condena la violencia de los ladrones pero se hace la vista gorda a la violencia policial. O cuando se condena el uso de armas en las escuelas pero no se dice nada del «gatillo fácil» de los encargados de mantener el orden.

Si se admite que el Estado tiene el derecho de recurrir a la fuerza a fin de sancionar a los que quebrantan sus leyes, de hecho se abren las puertas a la violencia institucionalizada. Desde una perspectiva bíblica, en efecto, la autoridad «no en vano lleva la espada, pues es servidor de Dios, vengador para castigar al que hace lo malo», como dice el Apóstol Pablo en Romanos 13:4. Sin embargo, ¿qué si la autoridad se corrompe y pone la espada al servicio de intereses particulares, de modo que ya no usa la espada «para castigar al que hace lo malo» sino para defender la injusticia y silenciar cualquier intento de protesta? En efecto, con demasiada frecuencia se ha defendido la violencia institucionalizada sobre la base de un solo argumento: la razón del Estado.

Lo mínimo que el Evangelio exige de los cristianos frente a la violencia institucionalizada es una denuncia profética, con todos los riesgos que ésta implica. La denuncia de la injusticia es parte importante de la tradición judeo-cristiana: el que calla en presencia de la violencia institucionalizada no puede atribuir su silencio a la falta de antecedentes bíblicos.

En el siglo pasado en América Latina hubo un número significativo de cristianos para quienes la única respuesta posible al problema de la violencia institucionalizada era la violencia revolucionaria o (como sus promotores preferirían llamarla) «contraviolencia». En un ambiente en que el abuso del poder era el pan de cada día, no veían otra esperanza que el cambio de las estructuras sociales, cuyo logro era para ellos imposible aparte de la violencia.

Una de las características sobresalientes de la violencia revolucionaria es que busca razones que la justifiquen. Como dice Ernesto Sábato: «El garrote es una excelente cosa; pero si se lo puede enarbolar y descargar según postulados de un sistema filosófico, mejor.»

La justificación de la violencia aparece, por ejemplo, en *The Transfiguration of Politics* (La transfiguración de la política), de Paul Lehmann. Según este autor, las revoluciones son «lo que Dios está haciendo para mantener humana la vida humana. Como la transfiguración, son señales de un orden humano diseñado divinamente, nuevo, liberador y que conduce a la plenitud». En las revoluciones, la irrupción de la violencia marca el momento de la verdad. La violencia no es buena en sí misma, pero desde la perspectiva bíblica se transforma en el momento apocalíptico en que la voluntad de Dios es concretada para y por los revolucionarios. Para Lehmann, en consecuencia, la violencia revolucionaria es objeto de celebración como el momento ético y apocalíptico de la política cristiana.

La justificación del uso de la violencia como «el último recurso» apela a los mismos argumentos que la teoría de la guerra justa. Desde esta perspectiva, la violencia es justificada bajo las siguientes condiciones: 1) Los medios violentos han sido utilizados primero por los opresores. 2) Se han intentado pacientemente, sin éxito, todos los métodos de crítica y acciones legales posibles. 3) Ha surgido una situación cuyos resultados serían más dañinos para los seres humanos que los de la revolución violenta. 4) Hay posibilidad de éxito mediante la violencia revolucionaria.

Que la persona desesperada, acosada por el hambre y sujeta a vejámenes por parte de sus explotadores, reaccione violentamente, es algo que no debe sorprendernos. Su violencia es una reacción «natural». Es una violencia biológica. Ser violento no demanda mayor esfuerzo: es actuar según los impulsos de la naturaleza humana. ¿Por qué no actuar con violencia frente al que me trata con violencia?

«Ojo por ojo y diente por diente»: esa es la exigencia de mi naturaleza caída.

Pero cuando lo que se plantea es el uso de la violencia para el cambio social, la discusión pasa del plano de los instintos al plano de la ética social. Y es aquí donde la violencia es uno de los mayores desafíos de nuestro tiempo. La violencia como expresión (diríamos espontánea) del instinto de conservación no requiere mayores explicaciones. Es algo que se espera de la misma manera en que se espera que un animal dé rienda suelta a su instinto sexual: es una necesidad que le impone la naturaleza. La violencia revolucionaria, por otra parte, exige toda una explicación ideológica que la justifique, que le dé la apariencia de una acción responsable... y hasta «cristiana». Esa ha sido precisamente la función de mucho de lo que se ha escrito sobre la violencia en el pasado, especialmente a partir de Marx.

Dice Alejandro Solyenitsin que la violencia «está asociada, por el más estrecho de los lazos naturales, a la mentira». Por eso, para la violencia institucionalizada toda denuncia de sus abusos es un «atentado contra el orden», mientras que para la violencia revolucionaria todo rechazo de sus postulados es un «compromiso con el statu quo».

La exigencia de la hora frente a uno y otro tipo

de violencia —la institucionalizada y la revolucionaria— es el rechazo de la mentira que encierran y la afirmación de otra alternativa: la no-violencia. La única alternativa que, si se la asume conscientemente, tiene poder para romper el círculo del odio y la violencia que encierra a la sociedad. La única que se resiste a la ley de la necesidad que esclaviza al hombre. La única que, mediante el amor en acción, introduce en las estructuras sociales el germen de un nuevo orden de justicia y de paz.

Desde el punto de vista de la ética cristiana, para los seguidores de Jesucristo la violencia no es inevitable, ya que hemos sido liberados del régimen de la necesidad. Como dice Jacques Ellul,

> Mantengo que en cada situación de injusticia y opresión el cristiano —que para encararla no puede recurrir a la violencia— debe hacerse presente plenamente como representante de las víctimas... Presta su inteligencia, su influencia, sus manos y su rostro a la masa sin rostro que no tiene manos ni influencia.

La no-violencia está enraizada en el Evangelio de Jesucristo. Aparte de toda consideración de la utilidad práctica que ella tenga en el campo político, la no-violencia es parte constitutiva del discipulado cristiano. Esa fue la convicción que animó a Martin

Luther King en su tenaz lucha no-violenta contra la segregación racial en su país, lucha para la cual —en palabras del propio líder negro— «Cristo proveyó el espíritu y la motivación, y Gandhi proveyó el método.» En nuestro continente, donde tanto la violencia con justificativos ideológicos como la violencia biológica siguen creciendo, al parecer inconteniblemente, es urgente una doble porción de no-violencia que, como la de King, surja del descubrimiento del amor como dinámica de cambio personal y social. La respuesta cristiana a la violencia que permea el sistema social en América Latina hoy no es una violencia moralmente «buena» (porque busca fines buenos), ni tampoco la indiferencia o el silencio. La respuesta cristiana a la violencia es la no-violencia activa, comprometida en la búsqueda de un mundo más justo y solidario.

¿Fue Jesucristo un pacifista?

Es evidente que la cristiandad medieval no renunció a la violencia y la guerra. La Edad Media fue la era de las Cruzadas y de las guerras santas contra los bárbaros. Sin embargo, para los clérigos se mantuvo la prohibición de participar en todo tipo de derramamiento de sangre. Se preservó así la ética que antes de Constantino era normativa para todos los cristianos.

En efecto, Bainton ha mostrado que hasta el año 170 ningún cristiano podía participar en el ejército. En el siglo 3 Celso criticaba a los cristianos porque se negaban a pelear, con lo cual eran desleales al emperador.

El «pacifismo» de los cristianos está enraizado en el ejemplo y la enseñanza de Jesucristo, quien, como afirma McClendon,

> evoca y guía un programa de acción no violenta que transforma la conducta humana de sus participantes. El meollo de ese programa está en el Sermón del Monte (Mateo 5-7; Lucas 6:20-49). Su orientación es hacia adentro y hacia afuera; su tema es el amor a los enemigos; su foco, a la luz de las poderosas señales de Dios y de la irrupción del fin, es la construcción de una comunidad que puede sobrevivir a la vieja era, anticipando la nueva con su Señor.

Jesús como el Mesías es una figura pública. No es una figura meramente religiosa (Scofield), pero tampoco fue un revolucionario zelote (Brandon). Optó por una opción diferente, una alternativa real: un nuevo orden de paz y justicia, un orden basado en el amor. Su ética de no-violencia es para una minoría dispuesta a identificarse con él en sus sufrimientos, con la esperanza del advenimiento del Reino de Dios y su justicia.

Preguntas para debatir en grupo

1. ¿Qué formas toma la violencia en nuestro medio? Según Romanos 13:4, ¿cuál es el fin para el cual la autoridad lleva la espada? ¿Qué pasa si la autoridad se corrompe y usa la espada para defender la injusticia? ¿Conocemos casos en que la iglesia evangélica defendió este tipo de violencia institucionalizada? ¿Qué exige de los cristianos el evangelio en estas situaciones? Pensemos en casos en que la iglesia siguió la tradición judeo-cristiana de denunciar proféticamente la

violencia institucionalizada.
¿Sufrió alguna consecuencia
por hacerlo?

2. ¿Conocemos cristianos que optaron por la violencia revolucionaria para cambiar estructuras injustas? ¿Con qué razones justificaban su violencia? En la situación en la que estaban, desde su perspectiva ¿se daban las cuatro condiciones para el uso de la violencia como "el último recurso"? Si su violencia no era solo una reacción natural y biológica, como instinto de conservación, sino que era una violencia revolucionaria para el cambio social, ¿qué explicación ideológica utilizaron para darle prestigio y la apariencia de una acción cristiana responsable?

3. ¿Podemos pensar en ejemplos en que la violencia institucionalizada cataloga toda denuncia de sus abusos como un "atentado contra el orden",

mientras que la violencia revolucionaria cataloga todo rechazo de sus postulados como un "compromiso con el statu quo"? Si rechazamos la mentira que encierran ambos tipos de violencia y afirmamos la alternativa de la no-violencia, ¿creemos que es posible romper el círculo de odio y violencia que encierra a la sociedad? ¿Conocemos casos en que mediante la no-violencia se logró romper este círculo e introducir en las estructuras sociales el germen de un nuevo orden de justicia y paz?

4. Si la no-violencia está enraizada en el Evangelio de Jesucristo y es parte constitutiva del discipulado cristiano, ¿por qué tantos evangélicos han respaldado guerras? ¿Es siempre el amor una dinámica de cambio personal y social? Ni la violencia moral, ni la indiferencia, ni el silencio. ¿Cómo se puede

ejercer una no-violencia activa? ¿Conocemos ejemplos de cristianos pacifistas que se han negado a pelear en guerras? ¿Sufrieron alguna consecuencia por ello? ¿Encontraron otros modos de apoyar la causa? ¿Qué haríamos nosotros si fuéramos convocados a tomar las armas?

5. ¿Qué ejemplo y enseñanza nos da Jesús sobre la no-violencia? ¿Nos consideramos parte de esa minoría que adopta la ética de no-violencia de Jesús y está dispuesta a identificarse con él en sus sufrimientos?

6

Misión y no-violencia

La misión de la Iglesia depende de la misión de Jesucristo como el árbol depende de sus raíces. De la misión del Hijo de Dios la Iglesia deriva la motivación, la razón de ser, el sentido de dirección y la fuerza para su propia misión. En síntesis, la misión de la Iglesia es la prolongación de la misión de Jesucristo.

Esto no niega, por supuesto, el carácter singular de la obra de Cristo como el único Mediador entre Dios y la raza humana. En su muerte y resurrección —los eventos centrales de nuestra fe— Dios actuó una vez para siempre, definitivamente, para liberarnos de la culpa y del poder del pecado. No hay nada que podamos añadir a lo que él hizo por nosotros y por todo el mundo en la cruz. Y en ese sentido, la misión de Jesucristo es irrepetible.

Sin embargo, lo que Dios hizo en Cristo se prolonga a lo largo de la historia a través de la Iglesia en el poder del Espíritu Santo. La reconciliación del mundo con Dios, por la cual murió Jesús, se hace efectiva por medio del mensaje o ministerio de reconciliación que nos ha sido encomendado (ver 2 Co 5:18-19). La reconciliación entre judíos y no judíos, por la cual Jesús dio su vida, se hace carne en esa comunidad de perdón y reconciliación que es la Iglesia (ver Ef 2:11-22). Así, pues, somos «colaboradores de Dios», agentes de reconciliación en medio de un mundo afectado profundamente por la enemistad con Dios, con el prójimo y con el medioambiente.

Las implicaciones de esto en relación con el problema de la violencia a lo largo de la historia humana y en la época moderna son claras. No se requiere mayor conocimiento bíblico o erudición teológica para afirmar que, desde la perspectiva del Nuevo Testamento, ser seguidor de Jesús es (entre otras cosas) vivir en función del Reino de Dios y su justicia, lo cual supone la práctica de la no-violencia.

En palabras de Eberhard Arnold, «Aquel cuyo cuerpo es honrado jamás puede horadar o destrozar un cuerpo. Jamás mata: es muerto. Jamás crucifica:

es crucificado.» Y esa su práctica no violenta ilustra elocuentemente su llamado a sus discípulos:

> Amen a sus enemigos, hagan bien a quienes los odian, bendigan a quienes los maldicen, oren por quienes los maltratan. ... Ustedes, por el contrario, amen a sus enemigos, háganles bien y denles prestado sin esperar nada a cambio (Lc 6:27, 35 NVI; cf. Mt 5:38-48).

La no-violencia está en el meollo mismo de la ética de Jesús. Tanto su acción como su palabra apuntan en la misma dirección.

Ahora bien, es indiscutible que esta ética de la no-violencia fue dada por Jesús expresamente a sus seguidores. Es la ley del Rey-Siervo para los ciudadanos de su Reino. Y en ningún momento pretende ser una ley que ha de ser aceptada y practicada por aquellos que no se han sometido a su autoridad. Por más de una razón, lo primero que se requiere para renunciar a la violencia y a la eficacia (real o aparente) con que ésta funciona en el mundo es reconocer que Dios en Jesucristo absorbió nuestra propia violencia; que Dios en Jesucristo nos amó a pesar de ser sus enemigos. Amamos porque él nos amó primero.

Esto ha llevado a muchos cristianos a concluir

que la no-violencia de Jesús es para practicarse en las relaciones interpersonales exclusivamente, en tanto que en la vida pública o a nivel internacional no queda otro recurso que ajustarse a «la ley de la selva», que es la ley del más fuerte. A esto se lo denomina «realismo político». Y hay quienes afirman que sin éste el cristianismo se confunde con el idealismo y pierde toda posibilidad de relevancia en la sociedad.

La respuesta a tales planteamientos será por demás inadecuada si no toma en cuenta la cruda realidad de la violencia en todos los niveles de la vida social. Como afirma Paul Tournier, en el fondo de todo corazón humano se oculta el deseo de matar y destruir:

> Si existe una fuerza de vida que aspira a realizarse y a difundir la vida, hay también una fuerza destructora que tiende a difundir la muerte y que está en la base de todas las violencias, reales e imaginarias, incluso las más absurdas y las más indignantes, las nuestras como las de los criminales.

Pero precisamente porque se reconoce ese dato fundamental de la psicología humana, es urgente proclamar el Evangelio de la Paz, a saber, que Dios en Jesucristo se ha insertado en la historia para librarnos del poder de la muerte en todas sus formas, incluyendo las violencias propias y ajenas.

«Y se corrompió la tierra delante de Dios, y estaba la tierra llena de violencia» (Gn 6.11). Esta descripción del mundo de hace miles de siglos —el mundo que suscitó el Diluvio— bien podría referirse al mundo actual. ¿Qué sentido tiene la proclamación del Evangelio de la Paz en este contexto? El mismo que tiene la proclamación del Señor Jesucristo en el contexto de un mundo donde hay «muchos dioses y muchos señores» (1 Co 8.5). En otras palabras, el Evangelio es el anuncio de la buena noticia acerca del nuevo orden que ha sido instaurado en Jesucristo, del futuro que se ha hecho presente: el Reino de Dios. Tal anuncio viene acompañado por el llamado al arrepentimiento y la fe (Mr 1:14-15). Y quienes responden a él emprenden el camino del discipulado, el seguimiento del Rey-Siervo que en la cruz absorbió toda violencia humana a fin de crear un nuevo mundo caracterizado por *shalom*. La no-violencia cristiana no es una mera estrategia para el cambio social: es más bien señal y signo de ese nuevo mundo que se ha iniciado ya en Jesucristo y que se manifestará en toda su perfección cuando él vuelva.

Preguntas para debatir en grupo

1. ¿De dónde deriva nuestra iglesia su motivación, su razón de ser, su sentido de dirección y la fuerza para su misión? ¿La deriva de sus líderes? ¿De su denominación? ¿O de Jesucristo mismo? Aunque la misión de Jesucristo para librarnos de la culpa y del poder del pecado es irrepetible, y no hay nada que podamos añadir a su obra, la Iglesia tiene la tarea de prolongar su obra a lo largo de la historia. ¿Qué hace nuestra iglesia para reconci-

liar al mundo con Dios y para promover la reconciliación entre personas como individuos y como grupos? ¿Qué podría hacer para reconciliar al ser humano con su ambiente natural?

2. ¿Estamos de acuerdo con el autor en que ser seguidor de Jesús supone la práctica de la no-violencia? ¿A qué nos convoca un Jesús que se deja crucificar y matar? ¿A qué enemigo Jesús nos está llamando a amar, a hacerle bien, a bendecir y a mantener en oración?

3. ¿Pensamos que la no-violencia de Jesús es exclusivamente para practicarse en las relaciones interpersonales, en tanto que en la vida pública o a nivel internacional no queda otro recurso que ajustarse a "la ley de la selva"? ¿Llamaríamos a eso ‹realismo político›? Si aplicamos la no-violencia de Jesús al

ámbito público o internacional, ¿no corremos el riesgo de que nuestro cristianismo se confunda con un idealismo y pierda relevancia en la sociedad? ¿Deberíamos ajustar nuestras expectativas no-violentas al "realismo político"? Como ejemplos problemáticos: ¿en la década de 1940 el avance del régimen Nazi pudo haberse detenido sin armas, convocando a una no-violencia cristiana? ¿Los asesinos o los grupos criminales organizados de hoy podrían ser enfrentados sin recurrir al uso de la fuerza?

4. Ante la cruda realidad de la violencia en todos los niveles de la vida social, ¿tiene sentido proclamar el evangelio de la paz? ¿De qué manera anunciamos que Jesucristo se ha insertado en la historia para librarnos de todas nuestras violencias, incluyendo las personales y las sociales?

5. Dios ha instaurado en Jesucristo un nuevo orden que es el Reino de Dios y nos llama al arrepentimiento, a la fe, al discipulado y al seguimiento de ese Rey-Siervo que venció toda violencia para crear un mundo de shalom, de paz integral. ¿Qué lugar tienen la fe y el arrepentimiento personal en la creación de ese nuevo orden llamado Reino de Dios? Para la creación de ese nuevo orden, ¿es suficiente que cada uno decida seguir a Jesús? Si no lo es, ¿qué más se requiere? ¿En qué podemos ver que el reinado de paz se ha iniciado ya?

7

Misión y derechos humanos

El 10 de diciembre de 1948, la Asamblea General de las Naciones Unidas aprobó y promulgó la *Declaración Universal de los Derechos Humanos*. El más importante foro internacional del mundo moderno selló así el reconocimiento de que toda persona, sin distinción de raza, clase social, nacionalidad, posición económica, religión o sexo posee ciertos «derechos iguales e inalienables». El valioso documento pasó a ser señal y símbolo del anhelo de paz, justicia y libertad de todos los pueblos y para todos los seres humanos sin excepción.

Lamentablemente, aquí también se cumple aquello de que «del dicho al hecho hay mucho trecho». La violación de los derechos humanos no es la excepción sino la regla incluso en muchos de los países que suscribieron la memorable Declaración de la ONU. La triste realidad es que los tales derechos siguen siendo pisoteados impunemente en el norte y en el sur, en el este y en el oeste. Hay que ser demasiado optimista para pensar que hoy estos derechos gozan de un mayor respeto que en otras épocas de la historia humana.

Como cristianos no podemos mirar con indiferencia los terribles atropellos que se cometen a diario contra personas, sea cual fuere la motivación que los inspire o el propósito que los anime. Todo ser humano, sin ninguna excepción, es portador de la imagen de Dios y por lo tanto posee un valor y una dignidad que son inalienables y que están en la base misma de sus «derechos».

El que comete violencia contra su prójimo, inevitablemente se coloca bajo el juicio de Dios. Cuando Caín mata a su hermano Abel, Dios dice al asesino: «La sangre de tu hermano, que has derramado en la tierra, me pide a gritos que yo haga justicia» (Gn 4:10). Sin embargo, a pesar de su crimen, Caín es protegido por Dios con una señal, para que no sea también asesinado (Gn 4:15). La vida humana es sagrada porque procede de Dios: él la creó y él mismo la sustenta y la protege. Por lo mismo, él escucha el gemido de los indefensos y castiga al que viola los derechos de los débiles (ver, por ejemplo, Ex 22:21-24; Ez 16:49-50).

El valor de la persona fue ratificado de manera inequívoca por la acción de Dios en Cristo Jesús, y especialmente por la muerte del Señor en la cruz. Si Cristo murió por nosotros «cuando todavía éramos pecadores» (Ro 5.8), no hay duda de que Dios nos ama: nos confiere un valor inmenso, un valor que no guarda relación con lo que merecemos. Nadie que haya tomado conciencia de las dimensiones de ese amor podrá menospreciar a su prójimo y considerarlo indigno de su propio amor. La experiencia del amor de Dios es genuina en la medida en que se traduce en amor al prójimo.

Ahora bien, ¿qué relación hay entre el amor y los derechos humanos? En primer lugar, el amor reconoce que todos los seres humanos son iguales en dignidad y derechos porque todos han sido creados por Dios a su imagen y semejanza, y Cristo murió por todos. Consecuentemente, queda descartado todo tipo de discriminación, sea ésta franca o velada.

En segundo lugar, el amor desea el bienestar de todos sin excepción y no hay bienestar posible aparte de la satisfacción de las necesidades básicas a las cuales apuntan los derechos humanos. ¿Qué es violar los derechos humanos si no es frustrar el bienestar de la persona atentando contra las condiciones mínimas para su vida en sociedad?

En tercer lugar, el amor es inseparable de la justicia, y la justicia se realiza en términos de respeto por los derechos humanos. El amor nos enseña que las necesidades de nuestro prójimo son sus derechos, y la justicia nos exige que en esos derechos del prójimo veamos nuestro deber. Cada derecho conlleva un deber. El amor motiva, la justicia busca la realización concreta de aquello que el amor anhela.

El Dios que justifica es a la vez el Dios que ama la justicia. De ahí que la persona que es «justificada» no solamente es «aceptada como justa» delante de Dios, sino además transformada en agente de justicia en el mundo. Su justificación por un lado le confiere nuevos derechos, tales como la vida eterna (Ro 5.18, 21), pero por otro lado le impone la deuda de amar al prójimo con un amor que reconoce la dignidad del otro (Ro 13.8-10). Como alguien ha dicho, el cristiano debe ser el más grande campeón de los derechos humanos, ya que cree que Cristo toma el lado de los que no tienen derechos, incluso de quienes no han hecho nada que merezca el favor de Dios.

Tristemente, huelga reconocerlo, la Iglesia no

siempre se ha distinguido por su celo por el respeto a los derechos humanos. A excepción del «derecho a la libertad de pensamiento, de conciencia y de religión» (con énfasis en la religión), tales derechos no han encontrado el lugar que les corresponde en su lista de prioridades. Consecuentemente, con frecuencia ha sido utilizada por regímenes totalitarios para justificar posturas y acciones que atentan contra la dignidad humana. Con más frecuencia aún simplemente ha callado frente a la discriminación ejercida por los poderosos contra los más débiles. Ha aceptado así el papel de cómplice de sistemas de opresión.

Hoy más que nunca urge que los cristianos veamos las implicaciones éticas del Evangelio y aceptemos el desafío a velar por el respeto a los derechos humanos como un aspecto esencial de nuestra misión. En esto también la fe que no se demuestra con los hechos es una cosa muerta.

Preguntas para debatir en grupo

1. ¿Alguna vez en su comunidad dedicaron tiempo a estudiar la Declaración de los Derechos Humanos? ¿Hasta qué punto expresa esta declaración la intención de Dios para el ser humano? ¿Qué situaciones vemos en nuestro país o en nuestro barrio en las que se violan los derechos de las personas, especialmente de las más vulnerables? ¿Qué postura tomamos como cristianos ante estos abusos? ¿Qué postura toma el Estado ante estas violaciones?

2. ¿Cuáles son los derechos de todo ser humano en base a ser portador de la imagen de Dios? ¿Piensan en ocasiones bíblicas en las que Dios castiga al que viola los derechos de los débiles? ¿Y ocasiones en las que "escucha el gemido de los indefensos"?

3. ¿De qué manera vinculamos nosotros y nuestras comunidades de fe la experiencia del amor inmerecido de Dios y el amor incondicional que debemos a nuestro prójimo? ¿En qué situaciones vemos una aceptación del amor de Dios y al mismo tiempo un menosprecio por el amor al prójimo? ¿Somos conscientes de que todos los seres humanos son iguales en dignidad y derechos porque todos han sido creados por Dios y porque Cristo murió por ellos? ¿O consideramos que unos merecen más respeto a sus derechos que otros? ¿Qué formas toma la discriminación en nuestro contexto social y eclesial?

4. ¿Qué hacemos como cristianos ante la violación de derechos básicos de las personas que no pueden cubrir sus necesidades básicas? ¿Qué relación tiene el amor con la justicia? ¿Y qué relación tiene la justicia con los derechos humanos? ¿En qué sentido "cada derecho conlleva un deber"? Tomando en cuenta que en virtud del sacrificio de Cristo hemos sido aceptados como justos, ¿nos reconocemos como agentes de justicia en el mundo? ¿Qué relación hay entre nuestros nuevos derechos y nuestra deuda de amar al prójimo? ¿Vemos en nuestro contexto que los cristianos son los campeones de los derechos humanos?

5. ¿Conocemos casos en que la Iglesia ha sido utilizada para justificar posturas y acciones que atentan contra la dignidad humana? ¿O que ha callado y ha sido cómplice de sistemas de opresión? ¿Consi-

deran nuestras comunidades de fe que el respeto a los derechos humanos es un aspecto esencial de su misión? Desde esta perspectiva, ¿está viva o muerta nuestra fe?

8

La lucha por la paz

La historia contemporánea ofrece varios ejemplos de naciones cuyos líderes creen que la única manera de asegurar la paz a nivel internacional es prepararse para la guerra. Razonan que no puede haber una paz permanente sin lo que ellos denominan un estado de «equilibrio de poder» entre las naciones. Sin embargo, en realidad esta posición desemboca en un estado que no es otra cosa que un permanente equilibrio de terror.

Quienes confesamos a Jesucristo como nuestro Señor no podemos estar de acuerdo con esta manera de pensar. Somos seguidores del Príncipe de Paz y en su nombre desechamos toda forma de violencia, no importa de dónde venga. Nuestra fe nos da ojos para ver más allá de los mezquinos intereses nacionalistas e ideológicos que nos rodean, de los cuales se nutre la violencia a nivel internacional. Además, para nosotros la paz (*shalom*) es mucho más que ausencia de guerra. Es armonía, bienestar, prosperidad, plenitud de vida. Y está ligada íntimamente a la justicia. Tan ligada que no puede existir sin ella. En palabras del profeta Isaías, «el producto de la justicia será la paz; tranquilidad y seguridad perpetuas serán su fruto» (Is 32:17).

Desde esta perspectiva, aunque todos los conflictos bélicos hubiesen cesado, ¡qué lejos estaríamos todavía de alcanzar la paz en un mundo como el nuestro, tan afectado por la injusticia! Basta echar un vistazo a las cifras relativas al crecimiento de los gastos militares globales, por un lado, y al crecimiento de la pobreza a nivel mundial, por otro lado, para convencerse de la terrible distorsión de valores morales en el mundo contemporáneo. Una distorsión que hace posible que la carrera armamentista y la injusticia social institucionalizada vayan de la mano. Y para empeorar aún más la situación, como demuestran los estudios del Instituto Internacional de Estocolmo para la Investigación de la Paz (SIPRI, por sus siglas en inglés) el gasto militar global sigue en creciendo a tal punto que en 2017 alcanzó su valor más alto desde la Guerra Fría debido principalmente al incremento de las inversiones en defensa por parte de Estados Unidos, China, Arabia Saudita, India y Rusia. A los aumentos de estos países se añadieron los de otros países de modo que en ese año el aumento del gasto militar a nivel global alcanzó la cifra de 1.739 billones de dólares, el equivalente de US$230 por habitante. ¿Qué nos dice esta cifra descomunal en armamento militar especialmente si se toma en cuenta que alrededor de mil millones de personas en el mundo vive en la miseria, unas diez mil mueren de hambre cada día, 40% de los agricultores viven en la pobreza en el país más rico, y los países ricos siguen aumentando su riqueza en tanto que los países más pobres siguen hundiéndose bajo el peso de una ingente deuda externa?

Por supuesto, siempre es posible refugiarse en una religión individualista y futurista que se despreocupa de los problemas temporales a cambio de la paz interior o del Reino de Dios que está por venir. Pero esa posición no hace justicia ni al mensaje bíblico ni a la vida de todos los días. No cuadra con la descripción neotestamentaria del Reino de Dios como una semilla de mostaza, la más pequeña de todas las semillas, que cuando crece se hace más grande que todas las otras plantas del huerto. O como levadura que leuda toda la masa. O como un tesoro escondido o una perla de gran valor, por los cuales uno vende todo lo que tiene.

Sin negar que el Reino de Dios no vendrá en su plenitud hasta que Cristo vuelva, cabe afirmar con énfasis su realidad presente a partir de la vida y ministerio del Rey-Siervo. En él, el poder de Dios —su autoridad, su gobierno, su dominio— ha entrado en acción en la historia para transformar la vida humana en todas sus dimensiones y para restaurar la creación en todos sus aspectos. El Mesías se ha hecho presente para establecer el Reino de Dios, un reino de *shalom*. Cristo es nuestra paz, hizo la paz y vino a traer buenas noticias de paz a todos (Ef 2.14, 16-17). A la luz de esta nueva realidad introducida por él en la historia, no existe necesidad humana frente a la cual sus seguidores podamos permanecer indiferentes. El Reino es un don, pero es también un llamado a colaborar con Dios en la realización de su propósito.

Ser discípulos de Cristo es, entre otras cosas, estar comprometidos con él en la lucha por la paz. Se lucha por la paz, no con las armas del mundo, sino con «el poder de Dios capaz de destruir fortalezas». Se lucha por la paz orando y trabajando por la justicia; buscando maneras de llevar la buena noticia a los pobres, de anunciar libertad a los presos, de dar vista a los ciegos, de poner en libertad a los oprimidos, de anunciar el año favorable del Señor. Se lucha por la paz orando y trabajando por la reconciliación; buscando maneras de mostrar que, en Cristo, Dios estaba poniendo en paz al mundo consigo mismo y ya no importa ser judío o no judío, esclavo o libre, hombre o mujer.

La única guerra en que los seguidores del Príncipe de Paz podemos y debemos participar es la guerra del Cordero. La guerra cuyo triunfo es seguro porque por medio de la cruz Dios venció a los principados y las potestades y los humilló públicamente llevándolos como prisioneros en su desfile victorioso. La guerra que destruye el enemigo transformándolo en amigo por el poder del amor y la oración. La guerra que sin agresión militar conquista nuevos territorios colocándolos bajo el signo de Aquel que vino para hacernos miembros de una sola familia cuyo Padre es Dios. La guerra que se opone a la muerte y promueve la vida. La guerra que se va ganando diariamente en cada negación de uno mismo, en cada acto de obediencia a Dios, en cada pequeño acto de sacrificio por el bien de los demás, en cada compromiso por la justicia, el amor, la libertad y la unidad de la raza humana.

En el centro mismo de la lucha por la paz está la cruz de Cristo. Como pueblo de Dios estamos convocados a luchar por la paz en nombre y por el poder del Mesías crucificado. Nuestra única consigna es la fidelidad a Aquel que dio su vida por nosotros. «Dichosos los que trabajan por la paz, porque serán llamados hijos de Dios» (Mt 5.9 NIV).

Preguntas para debatir en grupo

1. ¿Estamos de acuerdo con que la única manera en que puede haber paz permanente es si hay un estado de equilibrio de poder entre las naciones? ¿Qué lugar ha dado nuestro país a la búsqueda de este "equilibrio de terror"?

2. ¿Es compatible esta perspectiva con la concepción cristiana de la paz? ¿De qué manera se nutre la violencia de estos intereses nacionalistas e ideológicos? ¿Qué ven los ojos de la fe más allá de estos intereses mezquinos que

nos rodean? Según la perspectiva bíblica, ¿qué es la paz? ¿Cómo se relaciona con la justicia?

3. ¿Qué porción del presupuesto de nuestra nación se gasta en armamentos para seguridad interna y externa? ¿Y qué porcentaje en salud y educación? ¿Cuánto en pago de intereses de la deuda externa? ¿Cómo es la distribución de riqueza en el país? ¿Tiene el país un buen sistema impositivo? ¿Es muy amplia la brecha entre pobres y ricos? ¿En qué proporción crece o disminuye con el transcurso del tiempo?

4. ¿Qué propone una religión individualista y futurista? ¿Encontramos evidencias de este tipo de religión en nuestras iglesias? ¿Cuál es la descripción del Reino de Dios según el Nuevo Testamento? ¿Cuándo se inicia el Reino de Dios? ¿Qué efectos tiene en el mundo y en la historia? ¿A qué nos llama?

5. ¿Qué formas puede tomar nuestra lucha por la paz? ¿Qué formas debe tomar en nuestra iglesia o comunidad? ¿Cómo describe el autor "la guerra del Cordero"? ¿Qué provoca en nosotros la imagen de este tipo de guerra? ¿Qué poder confiere la cruz de Cristo a nuestra lucha por la paz?

9

Misión en un contexto de corrupción

Cualquier persona medianamente informada acerca de los problemas que aquejan a los países latinoamericanos sabe bien que uno de los peores de todos ellos es la corrupción: con demasiada frecuencia los que detentan el poder que se deriva de la autoridad lo usan para beneficiarse económicamente. Como acertadamente afirma el distinguido abogado argentino Luis Moreno Ocampo, que fue el fundador de Transparencia Internacional y el primer fiscal de la Corte Penal Internacional (2003-2012), «la corrupción es hija de las relaciones clandestinas entre el poder de la autoridad y el del dinero». Todos nuestros países, sin excepción, proveen ejemplos paradigmáticos de este mal social que ha empañado y sigue empañando la historia política de América Latina.

Esto no significa, por supuesto, que América Latina tenga el monopolio de la corrupción ni mucho menos. «En todas partes se cuecen habas.» Ningún país está exento de este mal en que se concreta la avaricia, cuyas raíces están en el corazón humano (cf. Mr 7:21). Lo que pasa es que entre nosotros este mal común de la raza humana, tan amplio como la geografía mundial y tan antiguo como la historia, ha sentado sus reales y ha dado como resultado lo que algunos analistas denominan «un estado de hipercorrupción». En nuestros países, la estafa, el desfalco, el cohecho, el fraude y el soborno o coima no son fenómenos aislados: son actos que ponen en evidencia la corrupción de todo el sistema socioeconómico y político dominante en nuestra América morena; son pecados en los cuales toma forma concreta un pecado social de funestas consecuencias para la vida humana.

Además, cabe anotar que la corrupción, que está asociada estrechamente con la avaricia, ha estado presente en la historia humana a lo largo de los siglos. Ya en el pueblo de Israel, elegido por Dios para ser «luz de las naciones», es decir, un pueblo que ejemplificara lo que Dios quería de todas las naciones, la avaricia echó a perder ese designio divino. Este no se cumplió porque poco antes de su muerte, Samuel, el último de los jueces, en un acto de nepotismo «puso a sus hijos como gobernadores de Israel... Pero ninguno de los dos siguió el ejemplo de su padre, sino que ambos se dejaron llevar por la avaricia, aceptando sobornos y pervirtiendo la justicia» (1S 8:1-3). Ese fue el origen de la monarquía en el pueblo de Israel, y con ella se abrió la puerta a toda una sucesión de reyes entre los cuales varios, motivados por la avaricia, se convirtieron en prototipos de gobernantes corruptos. Un ejemplo sobresaliente es el rey Joacim, a quien el profeta Jeremías dirige su duro mensaje en el capítulo 22 de su libro.

«En defensa propia»

Bajo este título, Luis Moreno Ocampo publicó en 1993 una obra definitiva sobre este tema tan urgente como espinoso, como es el de la corrupción. El subtítulo deja constancia de la intención práctica del autor: *Cómo salir de la corrupción*. Evidentemente al distinguido jurista no le bastó el haber ganado renombre como fiscal en varios sonados juicios contra los miembros de las distintas juntas militares que gobernaron la Argentina de 1976 a 1982 y contra otros militares; ni tampoco como catedrático universitario, ni como conferencista e investigador de fama internacional. A su trabajo profesional y académico quiso añadir su aporte como militante en la lucha por la justicia. El mismo propósito lo llevó también a participar en la fundación de Poder Ciudadano, organización creada para fomentar el respeto por los derechos humanos y la responsabilidad civil, y desde la cual él dirigió el programa «Iniciativa Privada para el Control de la Corrupción». La obra tiene, por lo tanto, un valor testimonial.

Es obvio, sin embargo, que Moreno Ocampo se propone ir mucho más allá de lo testimonial: se propone hacer del lector un ciudadano responsable, un ciudadano dispuesto a poner su granito de arena para crear una sociedad más justa. «Usted puede controlar la corrupción», le dice en la primera parte de su libro. Para convencerlo, argumenta que la corrupción es dañina para todos —tanto los que cometen actos de corrupción como los que los toleran y los que sufren las consecuencias— porque crea un ambiente en que todos desconfían de todos y se dedican a «maximizar beneficios personales». El corolario es que «la mejor opción individual es la peor grupal». Sobre esta base el autor invita al lector a ser «un egoísta inteligente» que se ocupa de controlar la corrupción «en defensa propia». ¿Cómo se controla la corrupción?

Moreno aclara que lo primero que hay que hacer es salvar la distancia entre la vida privada y la pública mediante el fortalecimiento de la democracia, un sistema global para la acción individual. «En un sistema de corrupción generalizada —dice— los que tienen el poder de la autoridad o del dinero toleran o se benefician de las maniobras ilegales.» Para evitarlo se precisa del control de ese poder por «el poder ciudadano», que se basa en la participación y el reclamo: el control que se ejerce mediante la difusión de la verdad con el auxilio de los medios de comunicación social, que son «los ojos del mundo» en la sociedad actual. «La divulgación de una verdad puede arrasar con el poder de la autoridad y el dinero ... Dos periodistas y un diario que divulgaron "Watergate" destaparon un proceso que derrocó al presidente más importante de la tierra.» (Ver *La corrupción resiste el paso del tiempo y los cambios políticos*, Protestante digital, Barcelona, 30 de enero 2019.)

Los datos comprueban que los países en vías de desarrollo están profundamente afectados por una «cultura de hipercorrupción», con elevados porcentajes de ganancia para el común negocio del fraude. Se ha institucionalizado el «doble estándar» de un sistema mítico de reglas y prohibiciones éticas, y un código práctico, que es el que en realidad rige la conducta. En estas circunstancias, según Moreno Ocampo, para combatir la corrupción es necesario entender que los culpables no son sólo las personas sino los sistemas, como se refleja en la «fórmula de la corrupción» desarrollada por el economista norteamericano Robert Klitgaard, de la Universidad de Harvard: C=M+D-T («corrupción es igual a monopolio más discrecionalidad menos transparencia»). Hay que dejar de lado las falsas soluciones (tales como la justicia penal, el castigo, la ética y educación, la moralidad personal de dirigentes políticos honestos, las reformas del sistema económico y la denuncia) y trabajar por el cambio de los sistemas de organización que producen la corrupción. La premisa fundamental es «que no es posible eliminar la ambición del corazón de los hombres pero que sí se pueden modificar los sistemas que producen corrupción».

Para esta lucha nuestro autor propone un plan de acción que contempla la movilización de la opinión pública para que el Presidente de la Nación y nuestros representantes se comprometan a controlar la corrupción haciendo uso de cuatro técnicas: una selección de los funcionarios públicos, especialmente de los que manejan el dinero; un control de la calidad de la gestión de estos funcionarios; un sistema de controles independientes, y transparencia en la gestión. Con este plan no se pretende eliminar totalmente la corrupción, pero sí reducirla drásticamente, ya que «es más fácil reducir la corrupción del 90% al 50% que del 2 al 1%». A cada una de las técnicas mencionadas se dedica un capítulo completo, tras lo cual se propone que hacen falta líderes que no se conformen con ser honestos individualmente, sino que además velen para que estas políticas sean implementadas; ciudadanos que, desde sus respectivos lugares en la sociedad, estén dispuestos a liderar los pequeños cambios y a exigir respeto por el bien común y claridad en las políticas orientadas a controlar la corrupción. Otro capítulo en la misma sección sugiere un «corruptómetro» que incluye varias maneras de evaluar los logros y retrocesos registrados en el desempeño de esta encomiable tarea.

La última sección, intitulada «Lo que usted puede hacer», argumenta que al Estado le corresponde fijar las leyes que han de regir la sociedad, y tomar las medidas que correspondan para hacerlas cumplir. Donde no hay un gobierno fuerte que asuma esa responsabilidad, queda abierta la puerta para que entre la corrupción y destruya las condiciones necesarias para que prospere la economía.

La ausencia de control y de reglas tiene un impacto económico devastador. Así como una explotación irracional de los bosques puede terminar con la madera, o una pesca intensiva con las reservas, la realización de negocios que afectan la eficacia y transparencia del sistema político puede terminar con los negocios.

Se hace, por lo tanto, un llamado a prevenirse contra las «técnicas de neutralización» que los grupos de poder usan para disimular su corrupción, y a emprender ciertas tareas prácticas que hagan posible el análisis de problemas de corrupción específicos y generen acciones colectivas frente a los mismos. «Para proteger [la] vida privada —concluye el autor—, tenemos que arreglar la vida pública. Recuerde que somos muchos los que tenemos ganas de hacer algo. Es hora de empezar a hacerlo.»

El verdadero «liderazgo de cambio»

La obra de Moreno Ocampo provee una descripción descarnada de una de las facetas más oscuras de lo que la Biblia denomina «pecado» —la corrupción— y sugiere un plan realista de acción para el cambio, un plan que los cristianos no podemos menos que tomar a pecho. Frente al pecado social, en cualquiera de sus formas, no basta predicar el Evangelio: se requiere que, sin dejar de hacer eso, sumemos nuestro esfuerzo al de personas de buena voluntad que, aunque sea «en defensa propia», están luchando por una sociedad más justa y solidaria. Por cierto, ningún esfuerzo humano hará posible la instauración del Reino de Dios sobre la tierra, ni mucho menos. Esto no es óbice para que colaboremos en todo lo que detenga el avance del mal y fomente el avance del bien en la sociedad, y para que lo hagamos no tanto «en defensa propia» como inspirados por el amor al prójimo.

La toma de conciencia de la dimensión social de la corrupción nos previene contra el error de pensar que este mal puede eliminarse mediante la proclamación del Evangelio como un mensaje de salvación individual exclusivamente. Quien se acerque al problema con un enfoque individualista, tarde o temprano descubrirá que las mejores intenciones de cristianos honestos no son suficientes para cambiar situaciones de corrupción. Como argumenta Moreno Ocampo, lo que se requiere es educar a los ciudadanos para el ejercicio de la democracia, mejorar la calidad del Estado y propiciar un sistema de controles independientes.

De todas las organizaciones sociales, a ninguna le atañe tanto como a la Iglesia la tarea de formar personas cuyos valores les impulsen a hacer frente a la corrupción que permea nuestras sociedades.

Después de todo, ¿qué es la Iglesia si no es una comunidad convocada para encarnar los valores del Reino de Dios, tales como la verdad, la justicia, el amor, la libertad y la paz? La corrupción es en su esencia una negación de todos estos valores, inspirada por la búsqueda del beneficio personal. Al afirmarlos, tanto en palabra como en acción, la Iglesia nada contra corriente.

Una de las metáforas que Jesús usó para referirse a sus discípulos guarda una relación estrecha con el tema de la corrupción: «sal de la tierra». Como la sal en esos tiempos no sólo servía para salar sino también, y más que nada, para preservar los alimentos, lo más probable es que Jesús haya querido destacar una cualidad que sus seguidores derivarían de su compromiso con Dios: la de preservar la sociedad, la de impedir que ésta se pudra.

Lamentablemente, no siempre la Iglesia vive a la luz de su vocación. No lo hace, por ejemplo, cuando, por el poder de la autoridad, entra en componendas con los políticos de turno y deja que éstos silencien su voz profética a cambio de algún beneficio «para la obra del Señor». O cuando, por el poder del dinero, se dedica a servir a los ricos y se olvida de los pobres. O cuando, por el poder de los números, presenta un evangelio de ofertas y esconde la cruz de Cristo.

Según Moreno Ocampo, el verdadero «liderazgo del cambio» que nuestros países necesitan somos nosotros, los ciudadanos. Convencido de la realidad del «poder ciudadano», escribe:

> Los cambios más espectaculares como la caída del muro de Berlín, no son el resultado de líderes carismáticos seguidos de multitudes, sino de multitud de pequeños líderes que van actuando como levadura de la demanda de la sociedad [...] En realidad, el carisma llega a ser la ruina de los líderes. Los hace inflexibles, convencidos de su propia infalibilidad, incapaces de cambiar.

Lo que nuestro autor dice respecto al liderazgo del cambio en la sociedad es también cierto en cuanto a tal liderazgo en la Iglesia: los cambios más significativos se dan a partir de las bases, es decir, a partir de los «miembros comunes y corrientes» que aprenden a usar sus dones «para el bien de los demás» (1 Co 12.7). Desde esta perspectiva, y haciendo uso de términos propios de una triste dicotomía, se diría que a los laicos les corresponde la tarea de ayudar a los clérigos a renunciar al poder de la autoridad, del dinero y de los números, y a dar espacio a todos para el ejercicio de los ministerios que el Espíritu de Dios ha repartido a su pueblo.

En conclusión, el sacerdocio de todos los creyentes, uno de los principios fundamentales de la Reforma del siglo 16, podría ser el antídoto más efectivo para impedir que en nuestras congregaciones crezca la mala hierba de la corrupción. Al fin de cuentas, si en el mundo secular —según la famosa fórmula de Robert Klitgaard— la corrupción es igual al monopolio del poder más discrecionalidad menos transparencia (C=M+D-T), no hay razón para imaginar que la combinación de los mismos elementos (M+D-T) no produzca el mismo resultado (C) en la Iglesia. Consecuentemente, la misión de la Iglesia en un contexto de hipercorrupción como es el nuestro comienza en la congregación local por una democratización del poder basada en la igualdad de todos los miembros del cuerpo de Cristo.

Preguntas para debatir en grupo

1. Pensemos en casos concretos de corrupción en nuestro país ligados al beneficio económico (estafa, desfalco, cohecho, fraude, soborno, coima). ¿Hubo en esos casos un control de ese poder por parte del "poder ciudadano" mediante la participación, el reclamo y la difusión de la verdad a través de los medios de comunicación social? ¿Qué postura tomamos como cristianos ante estos hechos de corrupción?

2. Moreno Ocampo presenta como falsas soluciones la justicia penal, el castigo, la ética, la educación, la moralidad personal, las reformas económicas y la denuncia, y propone que debemos trabajar por el cambio de los sistemas que producen la corrupción. Sugiere un plan de acción que contempla la movilización de la opinión pública para que el Presidente de la Nación y nuestros representantes se comprometan a controlar la corrupción haciendo uso de cuatro técnicas:

• una selección de los funcionarios públicos, especialmente de los que manejan el dinero

• un control de la calidad de la gestión de estos funcionarios

• un sistema de controles independientes

• transparencia en la gestión.

¿Conocemos líderes que no

solo son honestos sino que además velan para que estas políticas sean implementadas? Como ciudadanos, ¿qué podemos hacer para liderar pequeños cambios y exigir respeto por el bien común y claridad en las políticas que controlan la corrupción? ¿Hasta qué punto nuestro gobierno se encarga de fijar las leyes que deben regir la sociedad y toma las medidas que corresponden para hacerlas cumplir?

3. ¿Cuáles son las "técnicas de neutralización" que los grupos de poder usan para disimular su corrupción? ¿Qué tareas prácticas podemos emprender para analizar los problemas de corrupción específicos y generar acciones colectivas frente a los mismos? ¿Estamos dispuestos a sumar nuestro esfuerzo al de personas fuera de la iglesia que están luchando por una sociedad más justa y solidaria?

4. ¿En qué se queda corta la proclamación del Evangelio como un mensaje de salvación meramente individual? ¿El evangelio que está proclamando mi iglesia local es uno que busca cambiar situaciones de corrupción? ¿Trabajamos en nuestra iglesia la educación ciudadana para el ejercicio de la democracia? ¿Formamos personas cuyos valores los impulsan a buscar el beneficio personal o a hacer frente a la corrupción, encarnando verdad, justicia, amor y paz? ¿Estamos cumpliendo la función de "sal de la tierra" que impide la putrefacción? ¿Hemos silenciado nuestra voz profética a cambio de algún beneficio "para la obra del Señor"? ¿El poder del dinero nos ha llevado a servir a los ricos y olvidarnos de los pobres? ¿Hemos presentado un evangelio de ofertas y escondido la cruz de Cristo?

5. ¿Cómo se ejerce el liderazgo en nuestra iglesia local?

¿Hay corrupción? ¿De qué manera pueden los miembros ayudar a los líderes a renunciar al poder de la autoridad, del dinero y de los números, para ejercer juntos el sacerdocio de todos los creyentes y protegerse contra la corrupción? ¿Qué pasos concretos podemos tomar para democratizar el poder y prevenir la corrupción en nuestra iglesia?

10

Globalización y misión

Innegablemente, en estas últimas décadas el mundo se ha hecho más pequeño. Por arte y magia de factores tales como la transnacionalización de los capitales, la industria, el comercio y el turismo, las comunicaciones vía satélite, y la difusión de programas sociales, políticos y económicos, el mundo es hoy más que nunca una «aldea global».

Escribo estas líneas en la ciudad de Quito, en tiempos de Navidad. Siempre he pensado que esta es una de las ciudades más hermosas de todo el planeta. Sin embargo, de la ciudad que conocí en los años de mi adolescencia queda poco. Aunque todavía la distingue un envidiable escenario natural flanqueado por unos cuantos picos nevados de los

Andes, Quito es hoy, en muchos sentidos, una ciudad como cualquier otra del mundo moderno. Sus anchas avenidas, sus vías de «acceso automotor» rápido, sus grandes edificios y especialmente sus «shopping centers» y sus «malls» —así, con letreros en inglés— podrían ser parte de Miami o Chicago, Buenos Aires o México, Frankfurt o Tokio, Sidney o Johannesburgo. El «rincón colonial» que fue el Quito que conocieron mis antepasados ha sido absorbido por una ciudad cuyos habitantes —parte de una sociedad urbana moderna— adoptan expresiones, modas, gustos y valores traídos de otras latitudes.

Lo que ha sucedido con mi ciudad natal es apenas una elocuente ilustración de este fenómeno de homogeneización cultural de alcance mundial que se denomina globalización. Es, en realidad, el resultado de una aculturación al mundo occidental, de una adopción masiva de valores de la cultura occidental, una cultura dominada por el individualismo, el hedonismo, el materialismo y el consumismo.

Nuestro compromiso con Jesucristo demanda que planteemos varias preguntas sobre este fenómeno que afecta profundamente la vida de nuestros pueblos. Así, por ejemplo, ¿cómo se relaciona la internacionalización de la cultura occidental con el propósito de Dios de unir todas las cosas bajo el mando de Cristo? ¿Es esta globalización secular un medio que por lo menos tenuemente apunta hacia el fin que Dios quiere realizar en Jesucristo, o es más bien un factor totalmente adverso a la venida del Reino de Dios? ¿Qué hay de positivo y qué hay de negativo en el actual avance hacia la uniformidad cultural a nivel global, y cómo se evalúa ésta teológicamente a la luz de la obra de reconciliación universal que Cristo llevó a cabo mediante su muerte y su resurrección?

No es este el lugar para intentar una respuesta a estas preguntas. Aquí solamente nos limitamos a advertir respecto al peligro que encierra el fenómeno de la globalización en relación con la vida y misión de la Iglesia. En épocas pasadas la causa del Evangelio se vio afectada negativamente por la asociación de la Iglesia con imperios tales como el español en la época de la conquista y la colonia. Los evangélicos latinoamericanos hemos hecho bien en señalar el «antitestimonio» que fue para el cristianismo el hecho de que en nuestro continente la cruz estuviera acompañada por la espada. Sin embargo, somos lentos para reconocer los males de la estrecha asociación que hemos establecido con frecuencia entre el Evangelio y la cultura consumista que tiene como base los Estados Unidos, el país considerado frecuentemente como el más "desarrollado" del mundo.

Lamentablemente, por influencia de esa cultura, la mayor preocupación de muchas iglesias evangélicas a lo largo y lo ancho de América Latina es su rápido crecimiento numérico, en función del cual se adoptan técnicas y metodologías que reflejan el espíritu de la época. El mercado libre se ha hecho presente en el campo religioso. Por presión de la competencia, el culto se convierte en un «show», el sermón en una fácil receta para el éxito y la felicidad, el llamado en una invitación a negociar con Dios el bienestar físico y la prosperidad material. En síntesis, el Evangelio se convierte en un producto de consumo y la fe en una experiencia religiosa privada, sin mayores consecuencias éticas y sin ninguna trascendencia en la vida social o pública.

En estas circunstancias, se hace urgente la recuperación del Evangelio de Jesucristo como buenas nuevas de liberación de los poderes de las tinieblas que dominan en la sociedad de consumo.

La tarea de la iglesia no es transformarse en una «mega-iglesia», sino constituirse en una comunidad alternativa que encarna los valores del Reino de Dios —el amor, la justicia, la paz, la verdad y la libertad— en medio de una sociedad en que se han institucionalizado los valores del Anticristo. Para este propósito cobra vigencia la exhortación del apóstol Pablo:

> Por tanto, hermanos, tomando en cuenta la misericordia de Dios, les ruego que cada uno de ustedes, en adoración espiritual, ofrezca su cuerpo en sacrificio vivo, santo, agradable a Dios. No se amolden al mundo actual, sino sean transformados mediante la renovación de su mente. Así podrán comprobar cuál es la voluntad de Dios, buena, agradable y perfecta (Ro 12.1-2, NVI).

La única globalización que se conforma plenamente al propósito de Dios es la que se deriva del Evangelio del Reino de Dios. En la persona y obra de Jesucristo, Dios ha actuado para crear un nuevo mundo donde reinen el amor, la justicia y la paz. La Iglesia es «la comunidad del Rey» y está llamada, no a ganar el poder y la influencia que dependen de los números, sino a «hacer discípulos» que encarnen la enseñanza de Jesucristo en todas las naciones. En la medida en que la Iglesia cumpla esa misión en respuesta a ese llamado, en la historia tomará forma una comunidad global que reflejará el propósito universal de Dios en Cristo Jesús nuestro Señor.

C. René Padilla

Preguntas para debatir en grupo

1. ¿Qué efectos concretos de la globalización vemos en nuestra cultura, sociedad, economía y política? ¿Y en la teología, liturgia, música y misión de nuestra iglesia local? ¿Qué rastros vemos de la adopción masiva de los valores del "individualismo, el hedonismo, el materialismo y el consumismo" en nuestro medio social? ¿Vemos estas influencias en nuestra iglesia local?

2. ¿En qué se diferencian estos valores occidentales de

los valores que propone Jesucristo? ¿Qué hay de positivo y qué hay de negativo en el actual avance hacia la uniformidad cultural a nivel global? ¿Y a nivel de las iglesias locales? ¿Cómo afecta la vida y misión de la iglesia? ¿Cómo se dio esta asociación de la Iglesia con el imperio español en la época de la conquista y la colonia? ¿En qué aspectos vemos la misma asociación del Evangelio con la cultura consumista que nos llega de países más desarrollados económicamente?

3. ¿Estamos de acuerdo con que la mayor preocupación de muchas iglesias evangélicas es el crecimiento numérico? ¿Qué técnicas y metodologías utilizan para ser más "competitivas" en el campo religioso? ¿Coincide la realidad con esta descripción del autor: "el culto se convierte en un 'show', el sermón en una fá-

cil receta para la felicidad, el llamado en una invitación a negociar con Dios el bienestar físico y la prosperidad material"? ¿Cuáles son las consecuencias prácticas de que el Evangelio se convierta "en un producto de consumo y la fe en una experiencia religiosa privada, sin mayores consecuencias éticas y sin ninguna trascendencia en la vida social o pública"?

4. ¿Cuáles son los poderes de las tinieblas que dominan en la sociedad de consumo? ¿Cómo podemos encarnar de manera muy concreta en nuestras vidas familiares y comunitarias los valores del amor, la justicia, la paz, la verdad y la libertad? ¿De qué forma podemos renovar nuestra mente para comprobar la buena, agradable y perfecta voluntad de Dios?

5. ¿Cómo nos imaginamos la globalización del amor, la jus-

ticia y la paz? ¿Nuestra
iglesia trata de crear este
nuevo mundo? ¿Lo hace mediante el poder y la influencia
que depende de los números,
o mediante el discipulado?
¿Esta comunidad global que
refleja el propósito universal de Dios está conformada
únicamente por cristianos?

11

Hacer justicia: una tarea misional impostergable

Hace varias décadas, en su tesis doctoral sobre la discusión desarrollada en el seno del Movimiento de Lausana sobre la teología de la misión en su relación con la responsabilidad social de los cristianos, Valdir Steuernagel señaló la necesidad de dar prioridad al tema de la justicia en el orden del día para la reflexión teológica de dicho movimiento. Según él, «el tema de la justicia es central para la comprensión global de lo que Dios quiere hacer en este mundo y de lo que Dios quiere que oriente la lucha de su pueblo». En su definición del tema a partir de la enseñanza bíblica no dejó duda de que, a su entender, en el meollo mismo de la justicia está la atención que Dios presta al gemido de los oprimidos. «La justicia —decía— significa el liberar a los oprimidos del yugo de los opresores y el darles la promesa y la visión de una nueva tierra y una nueva vida.»

Dudo mucho que la propuesta del misionólogo brasileño haya prosperado en el movimiento de Lausana. La pregunta que en América Latina tenemos que hacernos, sin embargo, es si la propuesta ha recibido la atención que merece en nuestro propio continente, tan afectado por la injusticia.

No hace falta probar que desde que Steuernagel la formuló en 1988 los problemas socioeconómicos se han agudizado. Para complicar más aún las cosas, se ha agravado también el desequilibrio ecológico. A pesar de todo esto, nuestros gobiernos se han entregado en cuerpo y alma a un plan económico que, en palabras de Goudzwaard y Lange, «busca comprender y apoyar únicamente aquello que se relaciona con los flujos de la producción, el consumo, el ingreso y el dinero en una economía de mercado.» ¿Quién puede negar que el neoliberalismo pospone el bien común en función de los intereses económicos de una elite poderosa para la cual el sentido de la vida se define en términos de poseer? Supone, sin base, que la sociedad moderna podrá alcanzar «la mayor felicidad para el mayor número de personas» mediante la búsqueda individual de intereses económicos particulares. Por esta vía, lejos de proveer la solución a los grandes problemas socioeconómicos actuales, los exacerba.

Resulta difícil ver cómo uno puede adoptar una posición legitimadora del sistema capitalista actual y ser coherente con la fe en el Dios de justicia de la revelación bíblica. El intento de legitimación del sistema por parte de algunos autores cristianos norteamericanos (p. ej., Michael Novak y Amy Sherman) es un intento fallido. Sin embargo, hoy la actitud más común entre los cristianos es la de condescendencia frente a la ideología neoliberal. Se razona que, gústenos o no, este es el único sistema económico que existe en la realidad; consecuentemente, hablar de otra alternativa para los países pobres es ceder a la tentación de la utopía. Para ser realistas, según esta posición, lo que corresponde hacer es aceptar las cosas como son y no como quisiéramos que sean: no tratar de cambiarlas por vía de la acción socio-política sino ajustarse a ellas, esforzarse por garantizar la libertad individual en el campo económico y buscar medidas para morigerar los efectos del ejercicio de esa libertad. El problema fundamental de esta posición es que concibe el futuro como una incontrovertida prolongación del presente, con lo cual renuncia a la posibilidad misma de la esperanza.

Si el sistema capitalista no sólo es el único sistema económico que existe sino también la única alternativa concebible, entonces la humanidad está cautiva irremediablemente y para siempre bajo la tiranía de Mamón, en un mundo marcado por la explotación y la injusticia.

Frente a este panorama desolador, la Palabra de Dios nos invita a un redescubrimiento de lo que Walter Brueggemann ha denominado «la imaginación profética», la imaginación que nos da el coraje para concebir nuevas posibilidades para el futuro basadas en nuestra confianza en el Dios de la vida. La ideología neoliberal es una versión moderna de la conciencia monárquica del Antiguo Testamento, basada en el poder y fascinada por la sabiduría como la capacidad de racionalizar la realidad en función de los intereses de los poderosos. Para encararla precisamos reafirmar la postura profética que toma como punto de partida el hecho de que nuestro Dios —el Creador de cielos y de tierra, el Padre del Señor Jesucristo— ama la justicia, y que el compromiso con la justicia es un aspecto esencial de la visión de la realidad que se deriva de la alianza de Dios con su pueblo.

La posición crítica frente a la conciencia absolutista que se manifiesta en el sistema económico neoliberal no necesita recurrir a la ideología marxista en búsqueda de elementos para articular una alternativa deseable. Las Escrituras bastan y sobran para imaginar el mundo de justicia, paz e integridad de la creación que Dios se ha propuesto plasmar en la realidad.

Lamentablemente, el abandono de la imaginación profética nos ha dejado totalmente desarmados frente a la ideología de un sistema político-económico diseñado bajo los dictados de Mamón. Como afirma Brueggemann,

> También nosotros somos hijos de la conciencia monárquica, con la que, de una manera o de otra, todos estamos profundamente comprometidos. Por eso, la primera pregunta es: ¿cómo podemos tener la suficiente libertad para idear y articular, en nuestra situación, una verdadera novedad histórica? ... No tenemos por qué preguntarnos si es realista, práctica o viable, sino si es imaginable. Necesitamos preguntarnos si nuestra conciencia y nuestra imaginación se han visto tan agredidas y cooptadas por la conciencia monárquica que han quedado privadas del valor y la capacidad de idear un modo de pensar alternativo.

La tarea de articular la visión de «una verdadera novedad histórica» que refleje el compromiso cristiano con el Dios de justicia es una tarea misional impostergable. Por supuesto, eso en sí no acallará ni el gemido de los pobres ni el gemido de la creación. Lo que sí podemos esperar es que el Espíritu de Dios tome nuestra imaginación profética y la use para liberarnos del culto a Mamón, para dar sentido a nuestra proclamación de buenas nuevas a los pobres y para orientar nuestra acción.

Preguntas para debatir en grupo

1. ¿Estamos de acuerdo con que "el tema de la justicia es central para la comprensión global de lo que Dios quiere hacer en este mundo y de lo que Dios quiere que oriente la lucha de su pueblo"? ¿Qué entendemos por justicia? ¿Qué nos enseña la Biblia sobre la justicia?

2. ¿Qué situaciones de injusticia vemos en nuestro contexto? ¿De qué manera respondemos a esas situaciones de injusticia? ¿Qué aspectos de nuestras agendas misioneras

incorporan la búsqueda de soluciones a los problemas de injusticia? ¿Qué plan económico promueve el gobierno de mi país? ¿Prioriza los intereses económicos de una élite o promueve el bien común de la mayoría?

3. ¿Podemos legitimar el sistema capitalista actual y ser coherentes con la fe en el Dios de justicia? ¿Nos hemos conformado con aceptar las cosas como son, con garantizar la libertad individual y mitigar los efectos negativos de esa libertad? ¿Qué indicios vemos de que hemos renunciado a la esperanza de una sociedad más justa, más equitativa? ¿En qué se parece la ideología neoliberal a la conciencia monárquica del Antiguo Testamento?

4. ¿Existe un sistema económico alternativo que no esté bajo la tiranía de Mamón ni marcado por la explotación y la

injusticia? ¿Cuál se nos ocurre? ¿Cómo podemos aplicar "la imaginación profética" al ámbito económico? ¿Qué forma tomaría una postura profética cuyo punto de partida es que Dios es justo, ama la justicia, se compromete con ella y exige justicia? ¿Qué pasajes bíblicos nos ayudan a articular una alternativa deseable de justicia, paz e integridad de la creación? Leamos algunos de ellos.

5. Tratemos de articular la visión de "una verdadera novedad histórica" que refleje el compromiso cristiano con el Dios de justicia. Investiguemos: ¿existen hoy día modelos de economías menos centradas en el dinero y el poder, y que sean más participativas, más colaborativas, más sostenibles? ¿De qué formas concretas podemos orientar nuestra acción en esta dirección?

12

Un modelo alternativo de sociedad

La esperanza de una sociedad mejor es uno de los aspectos esenciales de la esperanza cristiana. Nadie que tome en serio la enseñanza bíblica sobre el propósito de Dios de crear una nueva humanidad puede alimentar una esperanza que se agota en la salvación individual más allá de la muerte. El propósito redentor de Dios incluye la creación de una nueva humanidad que acate su soberanía en todas las esferas de la vida y refleje su gloria.

Varias ideologías incluyen en su programa la idea de construir una sociedad en que desaparezcan las diferencias de clase y en que nadie tenga que avergonzarse del color de su piel. Lamentablemente, vez tras vez ese hermoso sueño se ha visto frustrado por el egoísmo y los prejuicios respecto al prójimo. Parecería que la naturaleza humana se ocupa infaliblemente de impedir que los mejores ideales se plasmen en la realidad.

De todos los prejuicios que separan a los miembros de la sociedad secular en todo el mundo tal vez ninguno esté tan enraizado en el ser humano como el prejuicio racial. Muchas páginas de la historia están teñidas de sangre derramada por inspiración de una supuesta superioridad racial. Todavía hoy día en el siglo 21 de la era cristiana, millones y millones de personas son víctimas de la discriminación racial. Y lo son en países que teóricamente concuerdan con la Declaración Universal de Derechos Humanos de las Naciones Unidas, según la cual «toda persona tiene todos los derechos y libertades proclamados en esta Declaración, sin distinción de raza, color, sexo, idiomas, religión, opinión política o de cualquier otra índole».

Debido a su política de apartheid, la República de Sudáfrica se convirtió en un paradigma del racismo en el mundo moderno. La minoría blanca (mayormente afrikáner) de ese país, atrincherada en un sistema de privilegios erigido con violencia, por largos años ejerció dominio sobre las mayorías de raza negra. El resultado fue una tensión racial que se extendió a todas las esferas de la vida y amenazaba destruir toda posibilidad de convivencia.

La política de apartheid fue repudiada por cualquiera que tuviera una pizca de respeto por la dignidad humana. Como afirma una declaración de la ONU de 1965: «Toda doctrina de superioridad fundada sobre la diferenciación entre las razas es científicamente falsa, moralmente condenable y socialmente injusta y peligrosa.» Eso es cierto. Sin embargo, cabe recordar que hay diversos tipos de racismo; que el apartheid no es el único ni el más diseminado de todos, y que para la conciencia cristiana todo racismo es igualmente censurable.

La primera responsabilidad de la Iglesia en medio de una sociedad fragmentada por la discriminación racial es constituirse en señal y signo de la unidad de la raza humana.

El Nuevo Testamento provee suficiente evidencia para demostrar que los cristianos del primer siglo se esforzaban por crear comunidades en las cuales, desde el comienzo, judíos y gentiles, esclavos y libres, pobres y ricos adoraran a Dios juntos y aprendieran el significado de la unidad en Cristo. Estaban dispuestos a encarar las dificultades que surgían de las diferencias entre ellos porque creían con el apóstol Pablo que, en virtud de la obra de reconciliación realizada por Jesucristo, «ya no tiene importancia el ser griego o judío, el estar circuncidado o no estarlo, el ser extranjero, inculto, esclavo o libre; lo que importa es que Cristo es todo y está en todos» (Col 3.11; cf Ga 3.28). F. F. Bruce está indudablemente en lo cierto al juzgar que «tal vez ésta fue la manera en que el Evangelio produjo la más profunda impresión en el mundo pagano».

Tal testimonio del poder reconciliador del Evangelio mantiene su vigencia en el mundo moderno, especialmente en lugares donde hay mucha tensión racial. Por supuesto, tenemos que ser conscientes del peligro de hacer de la reconciliación una mera ideología de pacificación para disuadir a quienes quieren cambiar la situación por medio de la violencia, o un mero subterfugio para mantener el control sobre los oprimidos.

La reconciliación verdadera se mide en términos de la disposición a sufrir por causa de la justicia que tiene como fruto la paz. De todos modos, sigue en pie la ineludible necesidad de resolver los conflictos, alcanzar acuerdos y lograr que reine la armonía entre los varios sectores de la sociedad.

En relación con ese fin la Iglesia cumple una función paradigmática cuando, por la gracia de Dios, supera las divisiones que separan a las personas y vive la reconciliación que Cristo obró en la cruz. Si Cristo «hizo de judíos y no judíos un solo pueblo, al destruir el muro de enemistad que los separaba ... puso fin a las luchas entre los dos pueblos, y los puso en paz con Dios, haciendo de ellos un solo cuerpo», la Iglesia que vive esa unidad por encima de las barreras de separación es la señal del propósito reconciliador de Dios.

Decía Paul Nizan que «no hay una gran obra que no sea una acusación al mundo». Dondequiera que, por el poder del Evangelio, los cristianos experimentan el milagro de la reconciliación y superan las barreras de raza, clase social y cultura, la Iglesia se constituye en «una acusación al mundo», un signo de contradicción en medio de una sociedad fragmentada, pero también en un modelo alternativo de sociedad, que encarna la esperanza de una nueva humanidad.

Preguntas para debatir en grupo

1. ¿Qué enseñanza prevaleció en nuestra formación cristiana: la esperanza de una salvación individual más allá de la muerte o la esperanza de una nueva sociedad en que desaparezcan las diferencias de clase y color?

2. ¿Qué formas toma la discriminación racial hoy en nuestra sociedad? ¿Conocen cristianos que son racistas? ¿Son nuestras iglesias un reflejo de la sociedad fragmentada por la discriminación racial, económica, de género

o sexual? ¿O estamos creando comunidades que son señal y signo de la unidad de la raza humana? ¿Estamos teniendo un impacto en nuestro barrio por ser testimonios vivos de unidad en la diversidad?

3. ¿Podemos pensar un ejemplo concreto del "peligro de hacer de la reconciliación una mera ideología de pacificación para disuadir a quienes quieren cambiar la situación por medio de la violencia, o un mero subterfugio para mantener el control sobre los oprimidos"?

4. ¿Qué significa que "la Iglesia cumple una función paradigmática cuando, por la gracia de Dios, supera las divisiones"? ¿Conocemos ejemplos de grupos de cristianos que "experimentan el milagro de la reconciliación y superan las barreras de raza, clase social y cultura"? ¿En qué ocasiones la Iglesia se

constituye en "una acusación al mundo"? ¿Nuestra iglesia o comunidad de fe es un modelo alternativo de sociedad que encarna la esperanza de una nueva humanidad?

René Padilla

Ecuatoriano, doctorado (PhD) en Nuevo Testamento por la Universidad de Manchester, fue Secretario General para América Latina de la Comunidad Internacional de Estudiantes Evangélicos y, posteriormente, de la Fraternidad Teológica Latinoamericana (FTL). Ha dado conferencias y enseñado en seminarios y universidades en diferentes países de América Latina y alrededor del mundo. Actualmente es Presidente Honorario de la Fundación Kairós, en Buenos Aires, y editor general de Ediciones Kairós.

Este libro fue impreso por

www.ingramcontent.com/pod-product-compliance
Lightning Source LLC
LaVergne TN
LVHW020437070526
838199LV00063B/4772